FINANZKONGRESS.DE

Thomas Klußmann und Christoph J. F. Schreiber

MAXIMALE RENDITE

7 goldene Anlagestrategien, die jeder Privatanleger kennen sollte

FINANZKONGRESS.DE

ISBN 978-3-947473-01-4

1. Auflage

Inhalt

Vorwort

Liebe Finanzexperten und alle die es noch werden wollen, früher hörten wir von unseren Eltern häufig Sätze wie:

„Wenn du dein Geld sparst, wird es mehr“ oder „Bringe dein Geld zur Bank, dort gibt es Zinsen“.

Aber gelten diese Weisheiten auch heute noch? Leider nein. Wir mussten feststellen, dass sich die Zeiten geändert haben und dass es sich in der Zukunft vermutlich noch schwieriger gestalten wird, sein Geld gewinnbringend anzulegen. Eine negative Variable, mit der zuvor niemand gerechnet hat, hat sich in die Gleichung eingeschlichen: Negative Zinsen – also eine prozentuale Gebühr, die immer mehr Banken dafür erheben, dass ihnen Geld zur Verfügung gestellt wird. Fleißiges Sparen wird von Banken somit immer häufiger durch Negativzinsen bestraft. Das große Geld und ein sorgenfreies Leben erlangen wir daher nicht mehr durch Sparen auf dem Bankonto. Hierdurch entsteht momentan eine seltsame Umkehrung der Verhältnisse: Wir zahlen, wenn wir sparen. Wir profitieren, wenn wir uns Geld leihen.

In den 70er Jahren fanden amerikanische Ökonomen das Prinzip der negativen Zinsen derart absurd, dass es in volkswirtschaftlichen Seminaren und Büchern keine Rolle spielte. Wir erleben aktuell also etwas, was es historisch gesehen noch nie gegeben hat.

Denn in der Vergangenheit erhielten wir eine Gegenleistung, wenn wir Geld verliehen haben. Genauso gab es Zinsen von der Bank, wenn wir dort Geld angelegt haben. Doch diese Regel gilt nicht mehr.

Das Sparbuch, des Deutschen liebstes Kind, war zwar noch nie die beste Anlageform, aber jetzt hat sie endgültig ausgedient. Wer sein Geld für sich arbeiten lassen will, muss zusehen, wo es noch Renditen zu erwirtschaften gibt. Wenn du jedoch nicht länger zusehen willst, wie dir dein Vermögen durch die Finger rinnt, musst du etwas dagegen tun.

Geld erfolgreich anlegen ist schwieriger geworden, aber trotzdem nicht unmöglich. Wir behaupten, dass es für jeden eine Möglichkeit gibt, sein Geld erfolgreich anzulegen - ob durch Investmentfonds, Immobilien, Edelmetalle oder Aktien - um nur einige der unzähligen Möglichkeiten zu nennen. Den einen richtigen und sicheren Weg gibt es nicht. Die richtige Strategie ist von so vielen Faktoren abhängig. Beispielsweise von der Höhe des Vermögens und dem Sicherheitsbedürfnis. Mit Investitionen sind immer Risiken verbunden. Wichtig ist hierbei, die Risikobereitschaft individuell zu bestimmen, um die richtige Geldanlage zu finden.

Du möchtest finanzielle Erfolge erzielen und dabei keine Angst haben, in den Bankrott abzurutschen? Wir zeigen dir anhand von 7 goldenen Regeln, wie du die „Maximale Rendite" erzielen kannst. Wir werden dir zeigen, wie wir unser Vermögen nicht nur retten, sondern auch in Zeiten von Negativzinsen aktiv vermehren.

Bei diesem Buch handelt es sich nicht um ein theoretisch-wissenschaftliches Fachbuch, sondern es beinhaltet ausschließlich praxiserprobte Strategien, welche wir und/oder unsere Kunden für eigene unternehmerische Aktivitäten bereits mit Erfolg eingesetzt haben.

Habe bitte nicht den Anspruch, alle Strategien umzusetzen - dass würde dich zeitlich überfordern. Aber anhand des Inhaltsverzeichnisses wirst du schnell erkennen, welche Kapitel für dich besonders relevant sind. Picke dir diese „Rosinen" heraus und setze die einzelnen Strategien schrittweise um.

Aufgrund der Breite und Tiefe der Strategien, sind wir überzeugt, dass dieses Buch sowohl Einsteiger als auch Fortgeschrittene weiterbringen wird und sollte damit in den Händen jeder Person liegen, die auf der Suche nach der richtigen Anlagestrategie ist. Der Clou daran: Die Anleitungen sind so geschrieben, dass du diese ganz einfach nachvollziehen und umsetzen kannst.

Jetzt bist du gefragt! Möchtest auch du eines Tages deine optimale Anlagestrategie verfolgen? Welche Anlage verspricht die beste Rendite und wie lasse ich mein Geld für mich arbeiten? Antworten auf diese Fragen sowie interessante Denkanstöße haben wir in den folgenden 7 Kapiteln herausgearbeitet. Wenn du tiefer einsteigen möchtest, sicher dir jetzt die Ninja-Rente:

https://finanzkongress.de/ninjarente

Worauf wartest du? Vielleicht findest du bereits im ersten Kapitel deine perfekte Anlagestrategie...

Herzliche Grüße aus Köln,
Thomas Klußmann und Christoph J. F. Schreiber

Über die Autoren

Als Autoren dieses Buches liegt es ihnen besonders am Herzen, dir dabei zu helfen, deine Projekte möglichst effizient auf die Straße zu bringen. In einem Gespräch mit Bodo Schäfer auf einem ihrer Events in St. Tropez im September 2017 antworten sie auf die Frage, was sie wirklich motiviert: „Wenn wir morgens den Rechner anmachen und ein Bild auf Facebook oder Instagram finden und sehen wie jemand am Strand unser Buch liest, um im Leben weiter zu kommen – dann wissen wir, dass wir etwas richtig gemacht haben. Dann geben wir weiter Vollgas".

Thomas Klußmann

Seit 2002 spezialisiert sich Thomas Klußmann auf Online Marketing. Er leitete Teams, etablierte eigenständige Projekte und erwarb fundierte Fachkenntnisse bei 7 verschiedenen Unternehmen vor, während und nach seinem BWL-Studium. Seit 2011 ist Thomas Klußmann zertifiziert als Google Adwords Qualified Professional sowie Referent und Coach. Als Kopf hinter der Marke Gründer.de versteht er es wie kaum ein zweiter, große Besucherströme im Internet zu generieren. Mittlerweile betreut sein Unternehmen über 10.000 Kunden im deutschsprachigen Raum.

2016 bekam Gründer.de ein vollständiges Redesign und gemeinsam mit seinem treuen Geschäftspartner Christoph Schreiber etablierte er im August 2017 mit „Digital Beat" eine neue Dachmarke. Im gleichen Jahr wuchs das Team auf 20 Mitarbeiter und es entstanden mit dem Gründerkongress und dem Erfolgskongress zwei richtungsweisende neue Eventformate in Deutschland, die jeweils über 30.000 Teilnehmer anzogen.

Christoph J. F. Schreiber

Als Unternehmer, Veranstalter der Contra, One Idea, Mastermind & One Idea Masterclass und Geschäftsführer der Digital Beat GmbH studierte er an der Uni Düsseldorf und Uni Köln BWL und betreibt heute unter anderem rum-tasting.de. Christoph Schreiber ist Autor zahlreicher Studien und Co-Founder u. a. von Gründer.de, der Digital Beat GmbH und der Unternehmensberatung Heinrich-Heine-Consulting.

1

Investieren in Einzelaktien

Nur sehr wenige Deutsche investieren in Einzelaktien. Laut statistischen Angaben sind dies rund vier Prozent. Viele Personen überlegen sich, in den Aktienhandel einzusteigen, wissen aber nicht wie. Andere scheuen das Risiko. Es ist keinesfalls erforderlich, viel Geld zu besitzen. Bereits mit wenigen hundert Euro kannst du Aktien kaufen und von den Kursgewinnen an der Börse profitieren. Natürlich stehen hohen Gewinnchancen auch Verlustrisiken gegenüber. Du solltest aber bedenken, dass viele andere Geldanlageformen, die sich in den letzten Jahrzehnten großer Beliebtheit erfreut haben, heute nur noch magere oder gar keine Renditen abwerfen. Dazu gehört das klassische Sparbuch ebenso wie das Fest- oder Tagesgeld. Aus diesem Grunde solltest du dich ehrlich fragen: Was nützt es, wenn dein Geld zwar sicher ist, du aber keinen Gewinn zu erwarten hast? Oftmals entstehen durch langjährige Geldanlagen mit niedrigen Zinsen sogar Verluste, denn die Inflationsrate ist in der Regel deutlich höher als die Zinsen. Eine Alternativen kann die Investition in Einzelaktien sein.

Dazu ist es erforderlich, dass du dir ein Grundlagenwissen aneignest und ständig weiterbildest, denn ohne Kenntnisse sollte niemand investieren. Du solltest auf jeden Fall alle relevanten Schritte kennen, bevor du mit dem Aktienhandel beginnst. Dazu gehört die Auswahl des richtigen Brokers und eines passenden Wertpapierkontos.

AKTIEN UND AKTIENGESELLSCHAFTEN

Eine Aktie ist ein Anteil an einem Unternehmen. Dies setzt voraus, dass es sich bei dem Unternehmen um eine Aktiengesellschaft (AG) handelt und dass das Unternehmen den Börsengang erfolgreich absolviert hat. Wer eine oder mehrere Aktien des Unternehmens kauft, wird dadurch Miteigentümer an dem Unternehmen. Je mehr Aktien du besitzt, desto größer ist dein Anteil an dem Unternehmen. Dies bringt dir entsprechende Vorteile. Als Aktionär kannst du an der Hauptversammlung des Unternehmens teilnehmen, besitzt dort ein Stimmrecht und hast die Möglichkeit, über den zukünftigen Kurs mit zu entscheiden. Der Preis einer Aktie ist unterschiedlich hoch. Es gibt Unternehmen, bei denen ist eine Aktie bereits für wenige Euro zu haben, bei anderen Unternehmen kostet eine Aktie hingegen mehrere hundert Euro. Dazwischen ist nahezu alles möglich.

Grundsätzlich ist es nicht vorgeschrieben, wie viele Aktien eine Person kaufen muss. Es wird zwar empfohlen, mehrere Aktien zu kaufen, damit die Gewinnspanne höher ausfallen kann, ein Muss ist dies jedoch nicht. Theoretisch kannst du dich dazu entscheiden, nur eine Aktie eines Unternehmens zu kaufen. Dies lohnt sich vor allem, wenn der Wert sehr groß ist.

Es gibt mehrere Möglichkeiten, um mit Aktien einen Gewinn zu erzielen. In erster Linie sind dabei die Kursgewinne zu nennen. Erfahrungsgemäß steigt der Wert einer Aktie, wenn sich das Unternehmen positiv entwickelt. Auch allgemeine wirtschaftliche Tendenzen und positive Erwartungen an die Zukunft können einen wesentlichen Anteil am Kurs einer Aktie haben. In diesem Zusammenhang darf nicht verschwiegen werden, dass es natürlich auch zahlreiche Faktoren gibt, die sich ungünstig auf den Kurs einer Aktie auswirken und ihren Wert sinken lassen. Die Ursachen dafür können sowohl innerhalb als auch außerhalb des jeweiligen Unternehmens liegen.

Die Aktionäre können nicht nur vom Kursgewinn profitieren, sondern auch eine Dividende erhalten. Ihre Höhe wird auf der Hauptversammlung des Unternehmens festgelegt. Die Auszahlung erfolgt in der Regel vierteljährlich. Es können auch andere Abstände festgelegt werden. Die Zahlung einer Dividende setzt voraus, dass die Unternehmenszahlen so gut sind, dass dies vertretbar ist. Es ist daher nicht selbstverständlich als Aktionär eine Dividende zu erhalten. Viele Unternehmen verzichten zeitweise völlig auf Dividendenausschüttungen und zahlen erst dann wieder eine Dividende, wenn sich die Unternehmensperformance wieder ins Positive umkehrt. Dividenden können aber auch beträchtliche Höhen annehmen und deshalb einen erheblichen Teil des Gewinns eines Aktionärs ausmachen. Dies ist vor allem bei Unternehmen, die bereits seit längerer Zeit bestehen und eine solide wirtschaftliche Entwicklung vorweisen können, der Fall.

BÖRSE UND HANDELSPLÄTZE

Wenn du dich für den Kauf von Aktien eines bestimmten Unternehmens interessierst, ist es nicht erforderlich, dass du dich direkt dorthin wendest, denn Aktien werden an der Börse gehandelt. Dort treffen Angebot und Nachfrage aufeinander, ein Faktor der ganz wesentlich zur Preisbildung auf den nationalen und internationalen Märkten beiträgt. Der zentrale Börsenplatz in Deutschland befindet sich in Frankfurt am Main. Außerdem gibt es zahlreiche regionale Börsen, die sich unter anderem in Berlin, München und Stuttgart befinden.

Aufgrund der Tatsache, dass es sich bei dem Aktienmarkt um einen internationalen Markt handelt, kannst du nicht nur Aktien deutscher, sondern auch internationaler Unternehmen kaufen. Dies ist entweder über die Börse in Frankfurt oder über eine andere Börse möglich. Du kannst als Privatperson allerdings nicht direkt zur Börse gehen. Dies bleibt den professionellen Börsenhändlern vorbehalten, die deine Aufträge ausführen können. Dazu benötigst du ein Wertpapierdepot bei einem Broker deiner Wahl. Dort zahlst du Geld ein und kannst anschließend sofort mit dem Handel beginnen. Möchtest du also eine oder mehrere Aktien eines Unternehmens kaufen, sieh dir zunächst den Kurs an der Börse an und entscheide dich dann für den Kauf. Nun wird alles für dich von den Börsenhändlern erledigt.

Als Alternative zum Börsenhandel kannst du auch am außerbörslichen Handel teilnehmen. Hierfür gelten gesonderte Regelungen, über die dich dein Broker informieren kann. In der Regel erfolgen der Kauf und der Verkauf von Aktien online oder per Telefon. Der Preis einer Aktie an der Börse entwickelt sich durch Angebot und Nachfrage. Möchten viele Anleger Aktien eines Unternehmens kaufen, steigt der Preis. Ist die Nachfrage eher gering, sinkt der Preis. Auch wenn es zahlreiche Prognosen von Experten gibt, wie sich der Wert einer Aktie in nächster Zeit entwickelt, kann dies niemals mit Sicherheit vorhergesagt werden. Unerwartete politische und wirtschaftliche Ereignisse haben immer das Potential, alle Voraussagen über den Haufen zu werfen und den Kurs der Aktien in eine ganze andere als die erwartete Richtung zu beeinflussen. Dies soll aber niemanden davon abhalten, an der Börse in Einzelaktien zu investieren. Sollte der Kurs unerwartet sinken, ist dies weder ein Grund, die Aktien zu verkaufen, noch in Panik zu verfallen. Ganz im Gegenteil, oftmals lohnt es sich, die weitere Entwicklung einfach abzuwarten. Hat sich die Lage beruhigt, steigt der Wert der Aktien meist wieder. Es kann sogar von Vorteil sein, in Krisenzeiten, wenn der Wert von Aktien besonders niedrig ist, zu kaufen oder nachzukaufen, denn so günstig werden die betreffenden Aktien aller Voraussicht nach in der Zukunft nicht mehr zu haben sein.

ERSTE SCHRITTE – BROKER UND DEPOT SUCHEN

Die Eröffnung eines Wertpapierdepots ist die wichtigste Grundlage für den Aktienhandel. Solch ein Depot wird von vielen Banken angeboten. Du kannst bei deiner Hausbank nachfragen oder dich an eine andere Bank in deiner Nähe wenden. Entscheidest du dich für ein Depot bei einer Filialbank, kannst du damit rechnen, dass du von erfahrenen Mitarbeitern der Bank jederzeit informiert und bei deinem Weg in den Aktienhandel begleitet wirst. Bei dieser Variante besteht aber auch die Gefahr, dass du dich zu sehr auf den Rat der Experten verlässt und zu wenig eigene Entscheidungen triffst.

Eine andere Möglichkeit ist die Eröffnung eines Wertpapierdepots bei einem Onlinebroker. Dort agierst du weitestgehend selbstständig, bist aber dennoch nicht auf dich allein gestellt. Viele Onlinebroker bieten weitaus mehr als nur eine Kontoführung an. Auf ihren Webseiten finden sich zahlreiche Informationen rund um das Thema Börsen- und Aktienhandel. Außerdem stehen die Mitarbeiter jederzeit telefonisch oder per Mail zur Verfügung, falls Fragen auftauchen sollten. Darüber hinaus gibt es Onlineseminare, die speziell für die Inhaber eines Depots veranstaltet werden. Einige dieser Webinare sind kostenlos, für andere ist eine Gebühr zu entrichten. Die Themen dieser Webinare sind sehr vielfältig und richten sich sowohl an Anfänger als auch an Fortgeschrittene oder Profis im Aktienhandel.

Wenn du also auf der Suche nach einem geeigneten Wertpapierdepot bist, hast du verschiedene Möglichkeiten. Du kannst dich bei den Banken und Sparkassen in deiner Nähe umsehen und die Konditionen vergleichen. Außerdem empfiehlt es sich, einen Broker Vergleich im Internet durchzuführen. Dabei solltest du auf die Kosten der Kontoführung und auf die sonstigen Kosten achten. Sowohl der Kauf als auch der Verkauf von Aktien ist kostenpflichtig. Der Preis ist jedoch unterschiedlich hoch. Nähere Informationen dazu können dem Broker Vergleich entnommen werden.

WERTPAPIERDEPOT ERÖFFNEN

Hast du ein passendes Wertpapierdepot gefunden, kannst du dich mit dem Broker in Verbindung setzen und einen Kontoeröffnungsantrag stellen. Sofern du zwei oder drei Anbieter in die nähere Auswahl gezogen hast, ist es nicht unbedingt erforderlich, dass du dich nur für einen Anbieter und für ein Depot entscheidest. Du kannst auch mehrere Depots bei verschiedenen Anbietern eröffnen. Diese Vorgehensweise hat den Vorteil, dass du jeweils entscheiden kannst, wo der Handel am günstigsten ist. Zudem kannst auf unterschiedliche Informationen zurückgreifen. Nachteilig wirkt sich hingegen aus, dass du die Kosten mehrerer Depots tragen musst.

Bei der Eröffnung eines Wertpapierdepots gibt es gewisse Gemeinsamkeiten mit der Eröffnung eines Bankkontos. Das bedeutet, dass du einen Antrag ausfüllen und diesen Antrag in geeigneter Form übermitteln musst. Handelt es sich um eine Filialbank in deiner Nähe, kannst du den Antrag persönlich abgeben. Dabei musst du deinen Personalausweis oder den Reisepass vorlegen. Nun wird der Antrag geprüft und wenn alles korrekt ist, wird das Wertpapierdepot eröffnet und du kannst mit dem Handel beginnen.

Möchtest du ein Wertpapierdepot bei einem Onlinebroker eröffnen, ist der Weg ein anderer. Dabei empfiehlt es sich, auf die Webseite des jeweiligen Anbieters zu gehen. Dort findest du alle Informationen, die du benötigst. Auch hier musst du einen Kontoeröffnungsantrag ausfüllen. In der Regel ist es dann erforderlich, den Antrag auszudrucken und per Post an den Anbieter zu senden. Die Verfahrensweise kann aber auch abweichen. In jedem Falle musst du deine Identität eindeutig nachweisen können. Dies geschieht entweder durch das Postidentverfahren oder das Videoidentverfahren. Nutzt du das Postidentverfahren, musst du dich mit deinen Kontoeröffnungsunterlagen sowie deinem Personalausweis oder deinem Reisepass zu einer Postfiliale in deiner Nähe begeben. Dort wird deine Identität überprüft. Ist alles in Ordnung, leitet der Schalterangestellte die Unterlagen an den Anbieter weiter. Bereits nach kurzer Zeit kannst du dein Wertpapierdepot in vollem Umfang nutzen.

Hast du dich für einen Onlinebroker entschieden, bekommst du die Zugangsdaten für dein Depot zugeschickt. Mit deinen Zugangsdaten kannst du dich jederzeit in dein Depot einloggen. Allerdings musst du damit rechnen, dass der Aktienhandel nicht rund um die Uhr möglich ist. Dieser ist größtenteils von den Öffnungszeiten der jeweiligen Börsen abhängig. Für den außerbörslichen Handel hingegen gelten gesonderte Handelszeiten, die vom jeweiligen Broker festgelegt werden.

Auf das Wertpapierdepot kannst du Geld von deinem Girokonto überweisen oder auf anderem Wege einzahlen. Dies ist die Voraussetzung, um mit dem Aktienhandel beginnen zu können. Außerdem solltest du dich unbedingt mit der Benutzerplattform vertraut machen. So ist sichergestellt, dass der Aktienhandel schnell, zügig und reibungslos vonstattengeht.

EIGENES RISIKOPROFIL ERSTELLEN

Bevor du konkrete Schritte einleitest und die ersten Aktien kaufst, wäre es wichtig, dass du dir eine Strategie zurecht legst, die deinem persönlichen Risikoprofil entspricht.

Grundsätzlich kann zwischen dem konservativen Anleger, dem risikofreudigen Anleger und dem neutralen Anleger unterschieden werden, der sich in der Mitte zwischen diesen beiden Risikoprofilen bewegt. Dies wird auf die meisten Anleger zutreffen. Außerdem ist dieses Profil nicht statisch, sondern mehr oder weniger starken Änderungen unterworfen. So kann es durchaus sein, dass ein konservativer Anleger, der anfangs nur sehr zögerlich in Aktien investiert hat, mit der Zeit risikofreudiger wird. Auch das Gegenteil ist der Fall.

DAS KONSERVATIVE ANLEGERPROFIL

Personen, die zu dieser Gruppe gehören, scheuen nicht nur das Risiko, sondern bleiben ihrer einmal gewählten Anlagestrategie über einen sehr langen Zeitraum treu. Zu den bevorzugten Anlageobjekten gehören Immobilien, Gold, Festgeld und Kapital-Lebensversicherungen. Diese Aufzählung ist nicht vollständig, denn es können auch noch weitere Produkte hinzukommen. Generell wird sich der konservative Anleger für Produkte entscheiden, bei denen eine hohe Sicherheit besteht. Ein Nachteil ist, dass die Renditen sehr niedrig sind. Dies wird besonders deutlich, wenn fast alle Ersparnisse auf dem Sparkonto gelagert werden, obwohl es nur minimalen bis überhaupt keinen Ertrag abwirft. Auch Festgelder zählen größtenteils in diese Kategorie, wenn auch hier die Zinsen etwas höher sind. Die Zeiten, in denen sich mit Festgeld oder mit dem Sparbuch merkliche Renditen erzielen ließen, sind längst vorbei. Dennoch scheuen sich viele konservative Anleger, andere Wege zu gehen oder auch nur in Erwägung zu ziehen.

Vorteilhaft wirkt sich bei diesen Personen aus, dass sie keine oder nur sehr geringe Verluste mit ihren Anlagen erzielen. Sie lassen sich aber auch viele Chancen, Gewinne oder eine angemessene Rendite zu erzielen, entgehen.

Aus diesem Grunde scheuen sie sich auch, das Thema Aktien ernsthaft in Erwägung zu ziehen. Dabei sind Aktien für sie grundsätzlich nicht uninteressant. Es kommt nur darauf an, die richtigen Aktien zu finden, welche diesem Risikoprofil entsprechen. Aktien großer Unternehmen, bei denen es eher selten zu Verlusten, sondern häufig zu konstanten Gewinnen kommt, sind hier besonders gut geeignet.

DAS RISIKOFREUDIGE ANLEGERPROFIL

Risikofreudige Anleger sind bereit, für einen möglichen Gewinn auch ein höheres Risiko in Kauf zu nehmen. Sie haben keine Probleme damit, in Aktien zu investieren, im Gegenteil, oftmals genügt ihnen dies noch nicht einmal. Sie interessieren sich daher auch für spekulative oder hoch spekulative Finanzprodukte wie zum Beispiel Optionsscheine, CFDs oder Futures. Die Funktionsweise dieser Finanzinstrumente soll hier nicht näher thematisiert werden. Der Handel mit ihnen setzt nicht nur eine gewisse Risikobereitschaft, sondern auch ein solides Wissen voraus. Für Anfänger sind sie daher weniger geeignet.

Aktien wählen diese Personen nach verschiedenen Gesichtspunkten aus. Es kommen nicht nur Werte klassischer Unternehmen mit Sitz in Deutschland oder in Europa, sondern auch Aktien von kleineren Unternehmen, die durchaus größeren Wertschwankungen unterliegen können, infrage.

Personen, die zu diesem Anlegertyp zählen, sehen vor allem Chancen. Demnach scheuen sie sich nicht, auch einmal neue Wege zu gehen und ein hohes Risiko einzugehen. Sie müssen aber auch damit rechnen, dass sich einige ihrer Investitionen als Fehlinvestitionen erweisen oder zumindest als sehr gewagt gelten. Zwar werden von diesen Personen häufig Gewinne erzielt aber sie sind auch häufiger als andere Personen der Gefahr ausgesetzt, Verluste zu erleiden.

ANLEGERPROFIL KONSERVATIV – RISIKOFREUDIG

Viele Personen sind weder besonders vorsichtig, noch besonders risikofreudig und können daher dem mittleren Anlegertyp zugerechnet werden. Sie sehen durchaus die Chancen, die sich am nationalen und internationalen Aktienmarkt bieten, erkennen aber auch die allgemeinen Gefahren. Hier können sich Einzelaktien als die idealen Anlageprodukte erweisen, denn sie bieten die Möglichkeit, hohe Gewinne zu erzielen, wobei die Gefahr eines Totalverlustes eher gering ist. Personen, die in dieses Profil eingeordnet werden, wägen in der Regel gründlich ab, ob sich eine Investition lohnt. Erscheint sie ihnen als zu riskant oder nicht lohnenswert, verzichtet dieser Anlegertyp oft.

AKTIEN KAUFEN

Es gibt verschiedene Formen, Aktien zu kaufen. Dabei kann es sich um Einzelaktien oder um Aktienfonds handeln. Darüber hinaus gibt es auch Mischfonds, die sowohl Aktien als auch andere Anlageprodukte enthalten. Zuerst musst du die Aktien, die für dich infrage kommen, auswählen. Dazu empfiehlt es sich, genaue Informationen über die Märkte, die Börse und die Daten der Unternehmen einzuholen, von denen du Aktien kaufen möchtest. Nur wer genügend Informationen besitzt, kann solide Entscheidungen treffen.

Sofern du bereits ein Wertpapierdepot besitzt, musst du dich in dein Konto einloggen oder dich zu deiner Bankfiliale begeben. Nun kannst du die Aktien auswählen. Alle Aktien verfügen über eine Wertpapierkennnummer (WKN). Diese wird benötigt, um die Aktien eindeutig zuordnen zu können. Zum Kauf von Aktien musst du den Anweisungen in deinem Account bei deinem Wertpapierhändler folgen. Der Kauf wird an der jeweiligen Börse und zum aktuellen Kurs vorgenommen. Je nachdem, wie viele Aktien du kaufst, musst du den Preis anschließend entrichten. Hinzu kommen noch Ordergebühren. Dieser Betrag wird direkt aus deinem Wertpapierdepot abgezogen.

In diesem Zusammenhang soll noch ein wichtiger Punkt angesprochen werden. Die Broker bieten ihren Kunden regelmäßig die Möglichkeit, Aktien über Kredite zu kaufen. Solch ein Kredit wird Wertpapierkredit genannt und ist nicht bei der Bank, sondern nur über den Broker erhältlich.

Allerdings empfiehlt es sich nicht, Aktien oder andere Produkte mit einem Wertpapierkredit zu kaufen, wenn du noch keinerlei oder nur sehr wenig Erfahrung in diesem Bereich hast. Das bedeutet nicht, dass du niemals einen Wertpapierkredit nutzen solltest. Spare dir diese Variante für später auf, wenn du genügend Erfahrung mit dem Handel von Aktien gewonnen hast und die Chancen und die Risiken sehr gut einschätzen kannst. Ein Kredit muss immer zurückgezahlt werden, unabhängig davon, ob und wie viel Gewinn du mit deinen Aktien erzielt hast.

Für Anfänger ist es empfehlenswert, nur Geld in Aktien zu investieren, welches sie nicht für andere Dinge benötigen. Wer Aktien in der Hoffnung kauft, daraus einen schnellen Gewinn zu erzielen, weil er darauf angewiesen ist, wird mit hoher Sicherheit Schiffbruch erleiden. Nutze deshalb nur das Geld, das du auch komplett entbehren kannst. Natürlich hofft jeder auf hohe Gewinne. Freu dich, wenn dieser Fall eintritt, rechne aber immer damit, dass etwas Unvorhergesehenes passieren kann und der Gewinn niedriger als geplant ausfällt oder dass es gar zu einem Verlust kommt. Dies soll dich jedoch niemals von deinem Vorhaben abhalten, in Einzelaktien zu investieren.

Du solltest dich davor hüten, einen Ratenkredit oder einen Konsumentenkredit bei der Bank aufzunehmen, um dieses Geld zum Wertpapierkauf zu verwenden. Auch hier gilt, dass du die vereinbarten Kreditraten pünktlich und vollständig zahlen musst, selbst dann, wenn du mit deinem Investment in Einzelaktien einen Totalverlust hinnehmen musstest.

Um Aktien zu kaufen ist es nicht nötig, dass du vier- bis fünfstellige Eurobeträge auf dein Wertpapierkonto einzahlst. Selbst wenn du nur wenige hundert Euro zur freien Verfügung hast, kannst du dieses Geld einzahlen und zum Kauf von Aktien verwenden. So kannst du Erfahrungen sammeln. Erzielst du Gewinne, ist es möglich, dieses Geld wieder in Einzelaktien zu investieren. So steigerst du dich Schritt für Schritt – eine Vorgehensweise - die längerfristig erfolgversprechender ist als alles gleich auf eine Karte zu setzen.

Unabhängig davon, wie viel Geld dir zur Verfügung steht, solltest du immer darauf achten, das Risiko zu streuen. Dies bedeutet, dass du nicht nur Aktien eines Unternehmens, sondern mehrerer Unternehmen kaufen solltest. Verluste in einem Bereich können durch Gewinne in einem anderen gut ausgeglichen werden.

AKTIEN HALTEN

Hast du deine ersten Aktien gekauft und dein Depot zusammengestellt, musst du es regelmäßig im Auge behalten. Die Lage auf den internationalen Finanzmärkten kann sich ständig ändern, was mehr oder weniger starke Kursschwankungen zur Folge haben kann. Außerdem solltest du dich über die Entwicklung der Unternehmen, von denen du Aktien besitzt, auf dem Laufenden halten. Du musst dir immer darüber bewusst sein, dass du einen Teil des Unternehmens besitzt, sei es auch ein noch so kleiner Teil. Je mehr Aktien du gekauft hast, umso größer ist dein eigener Anteil. Um sich zu informieren, musst du keinen direkten Kontakt mit den verantwortlichen Personen in dem Unternehmen herstellen. Vielmehr ist es problemlos möglich, alle nötigen Informationen aus dem Internet zu erhalten. Es empfiehlt sich, regelmäßig die Finanzportale zu studieren und sich über den Stand deines Depots zu informieren.

Kommt es zu kleineren oder größeren Kursschwankungen bei deinen Aktien, bedeutet dies nicht gleich, dass du etwas verändern und einen Teil davon verkaufen musst. In vielen Fällen empfiehlt es sich, einfach abzuwarten, wie sich die Lage entwickelt. Wenn du in Panik verfällst und in einer Verlustphase deine Aktien verkaufst, verliest du in jedem Fall dein Geld. Hältst du die Aktien, kannst du die Situation weiterverfolgen und sehen, dass sich der Kurs in vielen Fällen wieder erholen wird. Oftmals ist es klüger, die Aktien in einem Zeitraum zu verkaufen, indem du einen hohen Gewinn erwirtschaftet hast. Es gibt auch regelmäßige Empfehlungen von unabhängigen Experten, ob du eine Aktie kaufen, verkaufen oder halten solltest. Diese Empfehlungen sind nicht immer identisch. Du kannst dich daran orientieren, solltest aber nicht blind allen Empfehlungen folgen.

Wer Aktionär ist, trifft in einem viel stärkeren Maße eigene Entscheidungen am Finanzmarkt als derjenige, der nur ein Sparbuch, ein Fest- oder ein Tagesgeldkonto besitzt. Bei diesen Konten leihst du der Bank einen bestimmten Geldbetrag und erhältst dafür Zinsen. Diese Zinsen sind aber nur ein Bruchteil dessen, was die Bank mit deinem Geld erwirtschaftet. Den Rest verbucht die Bank für sich. Alle Gelder werden von der Bank investiert, meistens auch in Aktien. Warum solltest du Geld an die Bank verschenken, wenn du selbst die Möglichkeit hast, mit Einzelaktien eine erhebliche Rendite zu erzielen?

Es gibt nicht wenige Personen, für die sich der Handel mit Einzelaktien nicht nur zu einem Hobby, sondern auch zu einem lukrativen Nebenverdienst entwickelt hat. Einige Aktionäre können auch von ihren Investitionen leben. Das sind allerdings keine Anfänger, sondern ausschließlich Profis, die bereits über viele Jahre oder sogar Jahrzehnte im Aktienhandel tätig sind. Wenn du Freude am Aktienhandel findest, Erfolge erzielst und Ehrgeiz mitbringst, kannst du ebenfalls so weit gelangen. Das ist ein langer Weg, der viel Ausdauer, Disziplin, Frustrationstoleranz und Lernbereitschaft erfordert.

AKTIEN VERKAUFEN

Grundsätzlich gibt es keine allgemeingültigen Regeln, wann Aktien verkauft werden sollten. Es gibt im Wesentlichen zwei Motivationen. Zum einen sollen Gewinne mitgenommen und zum anderen Verluste verhindert werden. Der erstgenannte Fall tritt ein, wenn der Kurs sehr hoch ist und eine weitere Steigerung vorerst nicht zu erwarten ist. Dann wäre es unklug, die Aktien noch länger zu halten. Im Gegenteil, es würde dann schnell der Effekt eintreten, dass die Kurse wieder sinken mit der Konsequenz, dass auch dein Gewinn dahin wäre. Hier gilt, den richtigen Zeitpunkt nicht zu verpassen, was einiger Übung bedarf. Du solltest auf jeden Fall die Märkte beobachten und die Empfehlungen der Experten beachten.

Dadurch, dass der Kauf und der Verkauf von Aktien sehr flexibel gestaltet werden kann, musst du dich nicht für ein entweder oder, sondern kannst dich auch für ein sowohl als auch entscheiden. Das bedeutet in der Praxis, dass es zum Beispiel problemlos möglich ist, einen kleinen oder einen größeren Teil deiner Aktien zu verkaufen und den anderen Teil zu halten. Nun kannst du abwarten, wie sich die Situation weiterentwickelt. Auch der umgekehrte Weg ist denkbar. Wenn du merkst, dass sich der Aktienkurs im Aufwind befindet und du gerne mehr davon profitieren möchtest, ist das kein Problem. Dann kannst du weitere Aktien nachkaufen, vorausgesetzt, du hast genügend Geld in deinem Wertpapierdepot.

Der Verkauf von Aktien ist genauso einfach wie der Kauf von Aktien. Du gibst in deinem Wertpapierdepot die Wertpapierkennnummer und die Zahl der Aktien, die du verkaufen möchtest, ein. Außerdem musst du einen passenden Handelsplatz wählen. Nun wird die Order ausgeführt. Ist dies geschehen, wird das Geld sofort auf deinem Wertpapierkonto gutgeschrieben. Du kannst es dort belassen, in andere Aktien investieren oder auf dein Referenzkonto - sprich dein Girokonto – überweisen lassen. Innerhalb deines Wertpapierdepots kannst du verschiedene Funktionen nutzen. Dazu gehört zum Beispiel die Möglichkeit ein bestimmtes Limit zu setzen. Unterschreitet oder überschreitet der Wert einer Aktie dieses Limit, wird sie automatisch verkauft. Nähere Einzelheiten dazu findest du in deinem Depot.

AKTIENHANDEL – AUSBILDUNG UND WEITERBILDUNG

Der Handel mit Aktien steht allen Personen, die das 18. Lebensjahr vollendet haben offen. Es ist dafür weder eine bestimmte Ausbildung, noch ein bestimmter Vermögensstand erforderlich. Dennoch empfiehlt es sich im Vorfeld genau mit der Materie vertraut zu machen. Dadurch steigen die Chancen, dass du langfristige Renditen erzielst und dem Aktienhandel treu bleibst. Für die Weiterbildung gibt es verschiedene Möglichkeiten.

Du solltest dir im Vorfeld Grundkenntnisse über die Börse

und die Funktion der allgemeinen Finanzmärkte aneignen. Das kann im Internet oder durch das Studium von Zeitungsartikeln geschehen. Es gibt verschiedene Fachzeitschriften für Aktionäre, Börsenhändler und Trader. Sie wenden sich sowohl an Anfänger als auch an Fortgeschrittene. Im Wirtschaftsteil großer überregionaler Tageszeitungen können die wichtigsten Börsenkurse der Aktien großer deutscher und internationaler Unternehmen eingesehen werden. Dies geschieht aber nur einmal am Tag, während die Informationen, die sich im Internet befinden, nicht nur stündlich, sondern in viel kürzeren Abständen aktualisiert werden. Natürlich bleibt dir weniger Zeit, wenn du tagsüber berufstätig bist, da dies in der Regel während der Öffnungszeiten der Börse geschieht. In vielen Fällen kannst du nicht sofort reagieren, wenn sich etwas ändert. Die Stop- oder Limitfunktion in deinem Wertpapierdepot kann deshalb eine wertvolle Hilfe sein, wenn du Aktien zum richtigen Zeitpunkt verkaufen möchtest.

Neben den allgemeinen Informationen zu wirtschaftlichen Themen solltest du Informationen zum Thema Aktienhandel sammeln, was auf verschiedenem Wege möglich ist. In den allermeisten Fällen halten die Broker, die dir Wertpapierdepots zur Verfügung stellen, wichtige Informationen bereit. Das kann in schriftlicher Form oder per Video geschehen. Solche Informationen befinden sich auf den Webseiten der Broker, die du in Ruhe lesen solltest. Erst wenn du das meiste verstanden hast, solltest du mit dem Handel beginnen. In der Regel werden die Informationen für Anleger und solche, die es werden wollen, kostenlos bereitgestellt. Darüber hinaus stehen dir Mitarbeiter per Telefon und per Mail für weitere Fragen zur Verfügung. Auf den Webseiten der meisten Broker sind außerdem aktuelle Informationen zu den wichtigsten Wirtschaftsdaten und die Kurse von deutschen, europäischen und außereuropäischen Aktienwerten zu finden.

Eine gute Möglichkeit, um Gleichgesinnte zu treffen bieten die Börsentage. Die finden in regelmäßigen Abständen an unterschiedlichen Orten in der Bundesrepublik Deutschland statt. Die Teilnahme ist kostenlos. Hier sind verschiedene Unternehmen mit eigenen Infoständen vertreten. Dies betrifft auch überregionale und regionale Börsen. Zusätzlich wird den Besuchern der Börsentage ein umfangreiches Rahmenprogramm geboten. Es gibt Vorträge, Diskussionen und Live-Tradings zu verschiedenen Themen. Der Besuch auf einem Börsentag lohnt sich auch für Anfänger, selbst wenn du dafür weitere Wege in Kauf nehmen musst.

Je mehr Möglichkeiten zur Weiterbildung du nutzt, desto umfassender wird dein Wissen zu wirtschaftspolitischen Themen, zur Börse und zum Aktienhandel sein. Das ist eine entscheidende Voraussetzung, um an der Börse erfolgreich zu sein und deine persönlichen Ziele zu erreichen.

EINZELAKTIEN ODER AKTIENFONDS

Es gibt nicht wenige Personen, die gern einmal in Aktien investieren würden, aber zögern, da sie das Risiko scheuen. Du fragst dich, ob Aktienfonds oder Mischfonds eine Alternative sein können? Auf diese Frage gibt es keine allgemeingültige Antwort. Jeder zukünftige Anleger muss diese selbst für sich beantworten. Häufig liegt die Wahrheit in der Mitte. Das heißt, dass sowohl ein Investment in Einzelaktien, als auch in Aktienfonds empfohlen werden kann.

Aktienfonds enthalten Aktien verschiedener Unternehmen. Dabei können bestimmte Schwerpunkte gesetzt werden. So gibt es Aktienfonds, die Aktien von deutschen, europäischen, amerikanischen oder asiatischen Unternehmen enthalten. Auch können bestimmte Branchen favorisiert werden.

Weitere Schwerpunkte können die Schwellenländer oder Wachstumsbranchen bilden.

Generell lassen sich mit Aktienfonds mittel- bis langfristig hohe Renditen erzielen.

Das Risiko ist geringer als bei einer Investition in Einzelaktien, da eine breite Streuung vorliegt. Um die Zusammensetzung eines Aktienfonds musst du dich nicht kümmern. Das erledigt der Fondsmanager für dich. Wenn du Einzelaktien kaufst, triffst du allein die Entscheidung, wie du investieren das Risiko streuen möchtest.

Je weiter die Streuung, umso wahrscheinlicher, dass der Verlust in einem Bereich durch Gewinne in einem anderen Bereich ausgeglichen wird. Wenn du Anteile an Aktienfonds erwirbst, ist ein

Totalverlust selten. Wenn eine Aktie, für die sich der Fondsmanager entschieden hat, nicht mehr lukrativ erscheint, kann sie aus dem Aktienfonds herausgenommen und durch eine Aktie eines anderen Unternehmens ersetzt werden. Bei einem Investment in Aktienfonds entscheidest du lediglich, wie viel Geld du investieren und wie viele Anteile du erwerben möchtest. Es ist sowohl ein Einmalinvestment als auch die Einrichtung eines Sparplanes denkbar. Im letztgenannten Fall zahlst du monatlich einen bestimmten Betrag und erwirbst dafür Anteile an dem Aktienfonds.

Ein Investment in Einzelaktien erfordert generell also mehr Aufmerksamkeit, mehr Zeit und mehr Wissen. Unabhängig davon, wie risikofreudig oder risikoscheu du bist, solltest du dich nie allein für Einzelaktien entscheiden, sondern nur einen kleinen Teil des Geldes, das du nicht für den Lebensunterhalt benötigen, in Aktien investieren. Einen weiteren Teil kannst du auf Aktienfonds, Mischfonds oder andere Geldanlagen verteilen.

AKTIEN UND KONSERVATIVE ANLAGEN

Grundsätzlich bietet es sich an, die konservativen Formen der Geldanlage niemals gänzlich aus den Augen zu verlieren. Geld, das du über einen längeren Zeitraum nicht benötigen, kannst du in Festgeld investieren. Wenn du eine flexible Möglichkeit suchst, eine gute Rendite zu erzielen und dabei Wert auf eine regelmäßige Verfügbarkeit des Geldes legst, solltest du über ein Tagesgeldkonto nachdenken. Hier kannst du auch Geld ansparen, das du für den Kauf von Aktien verwenden möchtest oder dir die Gewinne, die du mit dem Aktienhandel erzielt hast, erst vom Wertpapierkonto aufs Girokonto und von dort auf das Tagesgeldkonto überweisen lassen.

Letzten Endes entscheidest du, was du mit deinem Geld tun und welches Risiko du eingehen möchtest. Führe dir vor Augen, dass der Besitz einer Aktie immer bedeutet, Miteigentümer eines Unternehmens zu sein. Daher solltest du dich mit dem ausgewählten Unternehmen sorgfältig beschäftigen. Je mehr Aktien du von einem Unternehmen besitzt, umso größer ist dein Anteil daran. Zusammenfassend werden Aktien im Normalfall an der

Börse gehandelt. Natürlich gibt es auch weitere Handelsplätze, über die wir dich bereits informiert haben. Suche dir einen Broker und eröffne dein Wertpapierdepot. Gehe strategisch vor, erörter deine Risikobereitschaft anhand deines erstellten Risikoprofils und warte Entwicklungen geduldig ab. Ziehe Möglichkeiten, wie den Gewinn zu reinvestieren und das Risiko zu streuen, in Betracht. Informiere dich ausreichend und erweitere dein Wissen mithilfe von Webinaren oder den Börsentagen. Es lohnt sich in jedem Falle, über den Kauf von Einzelaktien nachzudenken, auch wenn sie von vielen Personen eher skeptisch betrachtet werden. In Deutschland sind die Anleger besonders vorsichtig, während es erfahrungsgemäß im Ausland viel mehr Menschen gibt, die eine Investition in Aktien als normal ansehen. Vielleicht gehörst du ja auch bald zu den vier Prozent der Deutschen, die ein Aktiendepot besitzen und regelmäßig Aktien kaufen.

Interview mit André Stagge

von Uwe Wagner

Herr Stagge, Sie arbeiten für eine Fondsgesellschaft in Frankfurt am Main als Fondsmanager. Könnten Sie bitte einen kurzen Überblick geben über Ihren beruflichen Werdegang?

1996 habe ich damals noch als Schüler meine ersten Aktien gekauft. Seit 2007 arbeite ich als Portfoliomanager für eine der größten deutschen Fondsgesellschaften in Frankfurt am Main. Mittlerweile manage ich vier Fonds und verantworte ein verwaltetes Vermögen von ca. 2 Mrd. Euro.

Schon mit 13 Jahren begann mein Interesse für die Börse und damals, wenn Sie so wollen, auch mein beruflicher Werdegang. Ich habe begonnen, viel zu den Themen Wirtschaft und Börse zu lesen. Nach der 10. Klasse habe ich mich entschlossen vom einfachen Gymnasium zum Fachgymnasium für Wirtschaft zu wechseln, weil dort mein Wissensdrang zu den oben genannten Themen deutlich besser befriedigt wurde. Auf dem Fachgymnasium konnte ich mich schnell von einem durchschnittlichen Schüler zum Primus des Jahrganges entwickeln. Lernen war von da an keine lästige Aufgabe mehr, sondern hat mir plötzlich Spaß gemacht. Insbesondere die Themen Wirtschaft und Mathematik haben mich fasziniert und waren entsprechend auch meine

Wahlfächer fürs Abitur, welches ich als Jahrgangstufenbester 2002 abschließen konnte.

Parallel habe ich in dieser Zeit viel am Markt gelernt. Die völlig verrückten Zeiten des Neuen Marktes waren vorbei und mein Depot, welches sich dank Neuemissionen und der Empfehlungen von 3sat Börse und Co. in 4 Jahren mehr als verzehnfacht hatte, begann deutlich an Wert zu verlieren. Ich erkannte dadurch zum Glück relativ früh in meiner Laufbahn, wie wichtig eine gute Ausbildung ist. Mir wurde insbesondere 2001 und 2002 klar, dass nur, weil man seinen Kapitaleinsatz verzehnfacht hatte, man noch lange kein Experte auf dem Gebiet der Kapitalanlage ist. In der Hausse gehört fast jeder zu den Gewinnern aber die richtigen Profis zeigen sich in der Baisse. Geld an der Börse zu verdienen, ist das Eine, dieses Geld aber auch langfristig zu behalten, das Andere. Diese Depotrückschläge haben mich damals sehr moviert, mein Wissen immer weiter auszubauen und noch besser im Bereich der Kapitalanlage zu werden. Deswegen wollte ich unbedingt nach dem Abitur studieren.

2002 begann ich dann mein BWL-Studium an der wunderschönen Universität meiner Heimatstadt in Greifswald. Ich hatte vorher schon Kontakt zum lokalen Börsenverein und war schnell dessen Vorstandsvorsitzender geworden. Der Austausch mit den börsenbegeisterten Mitgliedern half mir, mein Kapitalmarktwissen zu erweitern.

Nach meinem Grundstudium und dank eines Begabtenförderstipendiums der Friedrich-Naumann-Stiftung konnte ich 2004 zur Universität Mannheim wechseln. Dort konnte ich alles zum Thema Börse lernen, was die Wissenschaft zu bieten hatte. Ich besuchte viel mehr Kurse als nötig und studierte 2 Jahre Psychologie als Wahlfach. Zu meinen Spezialisierungen gehörten: Finanzierung, Bankbetriebslehre, Optionspreistheorie, Portfoliotheorie, Risikomanagement und Versicherungsbetriebslehre. 2007 schloss ich mein Studium mit Prädikatsexamen ab. In dieser Zeit konnte ich einige Praktika machen und war als Bundesvorstand für den Bundesverband der Börsenvereine an deutschen Hochschulen (BVH e.V.) aktiv. Insbesondere mein halbjähriges Händlerpraktikum an der Börse in Stuttgart ist mir in schöner Erinnerung geblieben. Es war spannend, als Kommissionshändler vor sechs Monitoren zu sitzen und über 200 Geschäfte am Tag zu machen. Mein damaliger Arbeitgeber die EUWAX hat für die ausgeführten Geschäfte eine Courtage erhalten. Nach den sechs Monaten wusste ich aber auch, dass ich keine Karriere im Handel machen möchte, sondern als Portfoliomanager im Asset Management. Warum?

Nach erfolgreich abgeschlossenem Studium und einigen Auslandsaufenthalten bin ich dann im Herbst 2007 zu meinem jetzigen Arbeitgeber gewechselt. Mein Einstieg dort ist über ein einjähriges Trainee Programm erfolgt. Für diese Form des Berufseinstieges musste ich mich in einem zweitägigen Assessment-Center gegen 12 andere Kandidaten durchsetzen. Im Nachhinein habe ich erfahren, dass sich über 1000 Uni-Absolventen auf diese Trainee-Stelle beworben hatten. Durch das Programm war es mir möglich, mit weit über 100 Kollegen aus dem Portfoliomanagement in Kontakt zu kommen. Es war faszinierend zu verstehen, wie unterschiedlich die einzelnen Ansätze waren und obwohl alle das gleiche theoretische Wissen an der Uni gelernt hatten, waren die Herangehensweisen doch sehr individuell. Schnell habe ich gemerkt, dass die Kollegen den Universitätsprofessoren etwas Entscheidendes Voraus hatten. Im Gegensatz zu den Theoretikern wussten sie, wie man das Wissen in die Praxis umsetzt und damit auch Geld verdient. Nach einem Jahr als Trainee wurde ich dann übernommen und habe in meiner jetzigen Abteilung, Fixed Income Rates, angefangen.

Da ich immer schon sehr interessiert war, konnte ich innerhalb der ersten Monate die Verantwortung für das Overlay für einen der größten Fonds des Hauses ergattern. Der Deal war, dass ich 1 Million Euro Risikobudget hatte, die ich maximal über das Jahr mit meinen Geschäften verlieren durfte. Mein Chef wollte mich testen. Durch geschickte Transaktionen mit Aktien- und Renten-Futures sowie Währungen gelang es mir, im ersten Jahr über 8 Millionen Euro für den Fonds meines Chefs dazuzuverdienen. Zwei Jahre später bekam ich dann meinen ersten eigenen Fonds. Das Produkt habe ich bis heute und konnte mit diesem auch schon einige anerkannte Auszeichnungen erlangen, wie z. B.: einen „Morningstar Fund Award“ in der Kategorie Anleihen global Euro und den Titel „herausragender globaler Rentenfonds“ von der Zeitschrift Euro am Sonntag. Die Kunden freuen sich ebenfalls über eine hervorragende Wertentwicklung. In 7 Jahren stieg ich vom Junior Portfoliomanager zum Senior Portfoliomanager auf und freue mich heute über immer anspruchsvollere Aufgaben im Hause.

Aktuell bin ich für das Thema Overlay-Management und Strategie im FX-Bereich verantwortlich. Meine täglichen Aufgaben umfassen das aktive Handeln von Währungen, Futures und Optionen mit dem Auftrag, marktneutral Gewinne zu erzielen. Mein jährliches Gewinnziel liegt dabei im zweistelligen Millionenbereich. Grundlage meines Tradings ist ein regelbasierter Anlageprozess, der aus fundamentalen und technischen Faktoren besteht. Diese regelbasierten Strategien probiere ich dann im täglichen Geschäft optimal zu timen. Außerdem bin ich für 4 Fonds verantwortlich mit Assets under management von insgesamt über 2 Mrd. Euro.

Grund für die schnelle Karriere waren sicherlich auch die beruflichen Weiterbildungen die ich abschließen konnte: So bin ich geprüfter Eurex-Händler, Certified Financial Technician (CFTe) und Chartered Financial Analyst (CFA). Außerdem arbeite ich nebenberuflich seit einigen Jahren als Dozent für das Thema „Portfoliomanagement und Finanzmathematik" für das BankColleg vom Genossenschaftsverband und unterrichte an der International School of Management (ISM) im Masterkurs Asset Management.

Welche konkreten Verantwortlichkeiten haben Sie als Fondsmanager täglich zu bewältigen und welche Anforderungen sind an Sie gestellt?

Das Aufgabenprofil eines Fondsmanagers ist erstaunlich vielseitig. Das Erste und Wichtigste ist natürlich die Performance. Die knallharte Wahrheit ist: Wenn man es nicht regelmäßig schafft, sein Vergleichsvermögen (also seine Benchmark) zu schlagen, verliert man seinen Job. Jeden Tag wird die Performance gemessen und mindestens einmal pro Woche an die Vorgesetzten kommuniziert. Wer ständig verliert, ist raus. Wer gut arbeitet, bekommt mehr Geld, das er dann managen darf. Deswegen ist jeder Fondsmanager verantwortlich für die relative Performance seiner Fonds. Das bedeutet, er muss sein Vergleichsvermögen schlagen.

Ist meine Benchmark zum Beispiel der DAX, dann ist es mein Job, entsprechend besser als der DAX zu sein. Das heißt aber auch, wenn der DAX um 20% fällt und mein Fonds nur um 10% nach unten geht, habe ich einen guten Job gemacht.

Konkret liegt in meiner Verantwortlichkeit die Fondskonstruktion. Diese beinhaltet folgende Fragen:

- Zu welcher Zeit brauche ich welche Wertpapiere?
- Wie steuere ich meine Kasse?
- Wann setze ich Derivate wie Futures und Optionen ein, um mein Portfolio zu hedgen oder durch Spekulation zusätzliche Erträge zu generieren?

Der Portfoliomanager ist verantwortlich für sein Produkt. Er kann sich aber nicht die Benchmark aussuchen. Dafür ist der Produktmanager verantwortlich. Es gibt viele interne und externe Beschränkungen, wie ich meine Produkte steuern darf. Im Rahmen dieser Vorgaben probiere ich, das Beste für die Anleger herauszuholen.

Außerdem bin ich mit einem Kollegen zusammen für unser FX-Overlay verantwortlich. Dort ist es unsere Aufgabe, mit Devisen marktneutrale Gewinne für verschiedene Fonds zu erzielen. Wir bekommen ein Risikobudget und können sehr frei und unabhängig entscheiden, welche Währungen wir kaufen oder verkaufen wollen um marktneutrale Gewinne zu erzielen. Das Schöne an dieser Aufgabe ist es, dass es keine Vorgaben oder Beschränkungen gibt. Wir erhalten am Anfang des Jahres ein Risikobudget, welches wir maximal über das Jahr verlieren dürfen und unsere Aufgabe ist es, dieses Budget entsprechend zu verdienen.

Mein Arbeitgeber verfolgt den sogenannten Teamansatz. Das bedeutet, dass jeder Portfolio Manger zusätzlich zu seinen Fonds auch eine Research-Verantwortlichkeit hat. Er analysiert, kommentiert und prognostiziert die ihm zugewiesenen Märkte. Ich bin z.B. mit einem Kollegen zusammen für die Währungsprognosen im Hause zuständig und andere Kollegen kommen zu mir, wenn sie eine Meinung zu bestimmten Währungen brauchen. Wenn ich speziellen Input brauche, wende ich mich ebenfalls an die spezialisierten Kollegen.

Zu diesen Hauptverantwortlichkeiten von Portfoliokonstruktion, FX-Overlay und Research kommen viele Nebenverantwortlichkeiten hinzu. Interne Abstimmungen im Hause mit verschiedenen Abteilungen wie z.B. Risikocontrolling oder Compliance, organisatorische Aufgaben, Pressearbeit und TV-Interviews und natürlich Kunden treffen, um den Absatz der Produkte zu steigern.

Die Anforderungen sind dabei sehr vielseitig. Beispielsweise braucht man analytische Fähigkeiten, eine gute Ausdrucksweise, Excel- und Programmierkenntnisse, Englisch und man muss im Team arbeiten können. Außerdem braucht man ein gewisses Bauchgefühl, um intuitiv gute Entscheidungen in schwierigen Situationen zu treffen. Dieses entwickelt sich nur über die Zeit und braucht viel Erfahrung.

Wie sieht Ihr Tagesablauf aus?

Das Schöne an dem Beruf ist, dass er sehr vielseitig ist. Kein Tag gleicht dem anderen, weil sich die Kapitalmärkte ständig verändern. Themen, die heute im Fokus sind können morgen schon nicht mehr relevant sein. Gerade wegen dieser hohen Unsicherheit ist es wichtig, einige fixe Termine im Tagesablauf zu haben.

Bei mir ist es so, dass ich den Tag gegen sieben Uhr mit einem Blick aufs Handy beginne, um die Kurse und eventuell wichtige Ereignisse aus der Nacht zu überprüfen. In der Regel geht es sehr schnell und wenn alles normal ist, gehe ich gegen halb neun ins Büro. Ist etwas Marktrelevantes passiert, möchte ich vor acht Uhr an meinem Arbeitsplatz sein. Ich öffne dann mein Bloomberg und überlege, ob ich eventuell direkt auf die Ereignisse aus der Nacht reagieren muss.

Um 8.45 Uhr findet unser Morning Meeting statt. Hierfür finden sich ca. 40 Kollegen zusammen und tauschen sich über die Ereignisse des Vortages und ihre Erwartungen und Trades für den kommenden Tag aus. In diesem Rahmen stehen wir als Analysten zusammen und tauschen uns über unsere Research-Ergebnisse aus. Ich kommentiere z.B. regelmäßig die Bewegungen an den Währungsmärkten, beschreibe die Handelsstrategien für den kommenden Tag und kommentiere die Trades aus unserem FX-Overlay.

Vormittags lesen die Portfoliomanager häufig Research und treffen vielleicht Analysten von der Sell-Side, die ihre Strategien vorstellen. Wir diskutieren die Märkte und leiten Strategien ab, die uns profitabel erscheinen.

Mittags verlassen wir das Büro und gehen essen oder zum Sport. Viele Kollegen aus dem Portfoliomanagement sind sehr sportlich und gehen in der Pause laufen oder ins Fitnessstudio. Wir haben dafür in der Regel 90 Minuten Zeit und anders als im Handel auch keinen Druck schnell an unseren Arbeitsplatz zurückzukommen, wenn keine wichtigen Events anstehen.

Der Nachmittag ist meistens durch Handelsaktivitäten und Portfoliokonstruktion geprägt. Ich beobachte die Entwicklung in Amerika und die Zahlen, die eventuell um halb drei und um vier Uhr unserer Zeit veröffentlicht werden. Gegebenenfalls setze ich dabei einzelne Trades um und verändere damit die Konstruktion meiner Portfolios.

Ab fünf Uhr stehen vielleicht interne Projektbesprechungen an oder eine Kundenpräsentation muss erstellt werden. Ein Auge ist dabei immer auf den Markt gerichtet um eventuelle Chancen nutzen zu können, beziehungsweise Risiken zu reduzieren, wenn das nötig sein sollte.

Gegen 18 Uhr geht es dann in den Feierabend und der Tag schließt meistens so wie er begonnen hat – mit einem kurzen Blick auf die Märkte.

Haben Sie Stoßzeiten, wann Sie Ihre Orders in den Markt geben oder erstreckt sich dies weitestgehend gleichmäßig über den Tag?

Es gibt ganz klar Stoßzeiten. Wie aus dem oben beschriebenen Tagesablauf klar wird, ist das Morning Meeting sehr wichtig. Dieses geht in der Regel bis neun Uhr. Nach dem Meeting kommt es erfahrungsgemäß zu einem höheren Orderaufkommen bei den Kollegen und in der Regel auch bei mir. Ideen aus dem Morning Meeting werden umgesetzt und Kasse entsprechend investiert. Bis ungefähr elf Uhr hat man seine Ideen und Strategien in Trades umgesetzt und befasst sich danach in der Regel mit Research und geht in die Mittagspause.

Von elf bis vierzehn Uhr kommt es in Summe zu deutlich weniger Transaktionen. Ab vierzehn Uhr kommt die nächste Stoßzeit und die Aktivität der Portfoliomanager nimmt zu. Insbesondere vor und nach wichtigen Wirtschaftsdaten aus den USA werden Orders von uns generiert und es kommt zu einem entsprechend höheren Handelsvolumen. Bis siebzehn Uhr sind die meisten Transaktionen abgeschlossen. Ich würde schätzen, dass ca. 80% der Transaktionen zwischen neun bis elf Uhr und vierzehn bis siebzehn Uhr getätigt werden.

Wie erfolgt die Kommunikation mit dem ausführenden Händler? Sprechen Sie direkt mit dem Kommissionshändler in der Bank oder sind andere Kollegen zwischengeschaltet?

Jede große Fondsgesellschaft hat ein internes Trading Desk, welches die Orders für die einzelnen Fondsmanager professionell ausführt. Das Trading Desk spricht dann mit Händlern der verschiedenen Banken. Die Händler der Banken führen die Aufträge anschließend an der Börse aus oder lassen die Risiken kurzzeitig in ihren Büchern. Hierbei herrscht eine strenge Best Execution Politik. Das heißt, unser Trading Desk ist verpflichtet, die besten Preise für unsere Anleger in den Fonds zu erzielen. Per Gesetz ist es uns als Fondsgesellschaft verboten, direkt am Markt zu handeln. Obwohl ich die Eurex Händlerprüfung absolviert habe, steht mindestens immer ein ausführender externer Händler zwischen mir und der Börse.

Die Kommunikation zwischen mir, den Kollegen vom Trading Desk und den ausführenden Händlern erfolgt weitestgehend vollautomatisiert. Bei speziellen Orders spricht man kurz miteinander, aber über 90% aller Orders laufen automatisiert und in Bruchteilen von Sekunden ab. Auch das Thema Algotrading hat in den letzten Jahren deutlich an Bedeutung gewonnen. Wir tun alles, um gute Marktpreise für unsere Kunden zu erzielen und setzen auch spezialisierte Algorithmen ein, um große Orders unauffällig am Markt zu platzieren.

Wenn ich eine Order über z.B. 100 Dax-Futures erteilen möchte, gebe ich diese in unser Frontoffice System „Carles River" ein und spezifiziere, bei welchem Preis und für welche Fonds ich handeln möchte. Das Trading Desk erhält dann ein Pop Up und bearbeitet meine Order nach meinen Wünschen bzw. bei kleineren Orders wird diese direkt automatisiert zum ausführenden Händler einer Bank weitergeleitet oder als Limit im Orderbuch platziert.

Geben Sie in der Ausführung der Orders freie Hand, oder reglementieren Sie in höherem Maße durch die Art der Order?

Das hängt sehr stark von der Marktphase ab. Konsolidieren die Märkte kurzfristig, bin ich bestrebt, über Limit-Orders und/oder Algorithmen wie z.B. einer Eisbergorder langsam und marktschonend meine Position aufzubauen. Ich kann dem Händler auch kommunizieren, dass er „IW" also interessewahrend meine Order exekutiert. Dann hat er freie Hand und wird den besten Preis für mich erzielen. Dabei vertraue ich ihm, dass er z.B. bei illiquiden Wertpapieren einen besseren Marktzugang hat als ich.

Bin ich der Meinung, dass der Markt ein Trendverhalten aufweisen wird, weil wir z.B. gerade wichtige Wirtschaftsdaten bekommen haben, die die Erwartungen verfehlt haben, erteile ich meine Order als Market-Order und es geht nur noch um die Ausführungsgeschwindigkeit die dann möglichst gering sein soll.

Welche Ausbildungen haben Sie während Ihrer beruflichen Laufbahn absolviert?

Ich war immer stark bestrebt mich weiterzubilden. Das einjährige Trainee-Programm war für mich die Möglichkeit, von vielen erfahrenen Portfoliomanagern zu lernen und die Investmentprozesse der Kollegen zu verstehen. Kapitalanlage ist immer zu einem gewissen Teil individuell und beruht auf Erfahrungen. Mit jedem Gespräch und jeder Frage kam für mich eine neue Erkenntnis hinzu, wie ich meinen eigenen Ansatz weiter verfeinern kann. Während des Trainee-Programms gab es auch sehr viele Workshops und Seminare zu verschiedenen Themen wie Präsentieren, richtig Auftreten, Umgang mit Kunden usw. - Soft Skills.

Außerdem wird jedem Portfoliomanager mit Ambitionen empfohlen, eine berufsbegleitende Weiterbildung zu absolvieren. Daher habe ich direkt bei Berufsstart die Ausbildung zum Chartered Financial Analyst (CFA) begonnen und nach vier Jahren abgeschlossen. Damit gehöre ich zu einem Netzwerk von weltweit 140.000 Finanzexperten, die diesen Titel auf ihrer Visitenkarte tragen dürfen. International ist der CFA sehr bekannt und setzt den Standard für Weiterbildung im Finanzbereich. Die Ausbildung umfasst Themen wie ethische Standards und Berufsstandards, quantitative Methoden, Wirtschaftslehre, Finanzberichte und -analysen, Unternehmensfinanzen, Kapitalinvestitionen, Anleihen, Derivative, alternative Anlageformen, Portfolio-Management und Vermögensplanung. Die Weiterbildung ist komplett auf Englisch und der Lernaufwand beläuft sich auf ca. 400 Stunden pro Level. Dabei sind drei Level zu absolvieren und mit jeweils einer bestandenen 6-stündigen Prüfung zu beenden.

Neben dieser Ausbildung habe ich ebenfalls noch den Certified Financial Technician (CFTe) gemacht, der die technischen Aspekte der Kapitalmarktanalyse beleuchtet. Außerdem bin ich ausgebildeter NLP-Practitioner, was mir vielleicht nochmal einen anderen Blick auf die Psychologie und Glaubenssätze von einzelnen Marktteilnehmern erlaubt.

Ab 2012 habe ich angefangen, selbst zu den Themen Portfoliomanagement auszubilden, weil ich gemerkt habe, dass ich am Meisten lerne, wenn ich anderen etwas beibringe. Ich bin aktuell Dozent für die GenoAkademie und die International School of Management. Außerdem referiere ich regelmäßig bei Börsenvereinen und gebe dort kostenlos mein Wissen an verschiedenen Universitäten in Deutschland weiter. Mein Arbeitgeber hat 2017 dieses Ausbildungsengagement mit einem Preis gewürdigt und wen meine Arbeit interessiert, der findet viele interessante Informationen auf meiner privaten Webseite unter www.andre-stagge.de.

Wie sehen Sie die Zukunft Ihres Tätigkeitsbereiches?

Sehr positiv. Geldanlage ist und bleibt nicht zuletzt aufgrund des Niedrigzinsumfeldes und der demographischen Entwicklung ein Wachstumsmarkt. In Deutschland sind leider nur 9 Millionen Anleger an der Börse aktiv. In vielen anderen Ländern sind es deutlich mehr. Über 5.600 Mrd. Euro haben wir Deutschen auf der hohen Kante ohne dafür Zinsen oder Dividenden zu bekommen. Das schwächt unseren Vermögesaufbau im Vergleich zu den USA, Skandinavien oder auch unseren europäischen Nachbarn aus dem Mittelmeerraum. Wir Deutschen denken immer noch, dass es besser ist, für Geld zu arbeiten als unser Geld für uns arbeiten zu lassen. Das muss sich ändern und dafür möchte ich als aktiver Portfoliomanager und als Dozent einen Beitrag leisten.

Sicherlich gibt es einige große Themen wie Robo Advisor oder ETFs, die in Konkurrenz zu traditionellen Investmentfonds treten, und aktives Fondsmanagement muss sich natürlich dem Wettbewerb stellen - aber in Summe bin ich sehr optimistisch. Wer weiß, wie er aus Geld erfolgreich noch mehr Geld macht, ist definitiv in einem zukunftsträchtigen Tätigkeitsbereich unterwegs und diese Qualifikationen werden nachgefragt!

Heimliche Helden

von André Stagge, veröffentlicht in Trader's

Aktien mittelständischer Unternehmen schneiden besser ab als die Anteilscheine großer Konzerne. Doch gegen Jahresende befällt die Nebenwerte eine seltsame Schwäche. Wie man davon profitieren kann und mit welcher einfachen Strategie eine marktneutrale Rendite von 289 Prozent seit 1988 erzielt hätte können, erzählt das nachfolgende Kapitel.

MIT NEBENWERTEN DEN DAX SCHLAGEN

Ein Blick auf die historische Wertentwicklung des DAX und des MDAX zeigt, dass Nebenwerte im Durchschnitt eine höhere Rendite erwirtschaften als die klassischen Standardwerte. So ist zum Beispiel der MDAX in den letzten zehn Jahren doppelt so gut gelaufen wie der DAX (Bild 1). An diesem Phänomen dürften die großen Asset Manager, Banken und Versicherungen nicht ganz unschuldig sein. Sie haben eine Schwäche für Nebenwerte mit einer guten Wachstumsgeschichte und zumeist hohen Renditen.

Diese Überrendite unterliegt jedoch erheblichen saisonalen Schwankungen. Während Nebenwerte vor allem zu Beginn eines Jahres eine gute Performance erwirtschaften, erzielen die Stan-

B1) Performance vom DAX und MDAX

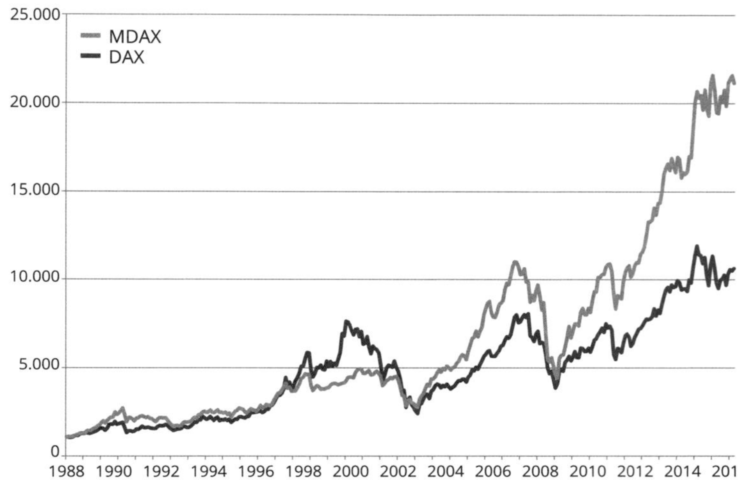

Bild 1 zeigt die historische Wertentwicklung des DAX (dunkel) und des MDAX (hell). Es wird klar deutlich, dass Nebenwerte im Durchschnitt eine höhere Rendite erwirtschaften als die klassischen Standardwerte.

Quelle: André Stagge

dardwerte im Schlussquartal gute Ergebnisse. In Bild 2 kann man erkennen, dass die durchschnittliche Monatsrendite der Nebenwerte in den ersten neun Monaten eines Jahres über der Rendite des DAX liegt. Die einzige Ausnahme stellt der Juli dar. In den letzten drei Monaten des Jahres dreht sich dieser Effekt um. Die durchschnittliche Rendite des DAX ist dann höher als die der Nebenwerte im MDAX und SDAX.

LONG-SHORT-STRATEGIE

Um von diesen Effekten zu profitieren, bietet sich eine marktneutrale Long-Short-Strategie an. Dabei wird ein Aktienindex über einen Future oder Exchange Traded Fund (ETF) gekauft und der andere Aktienindex für den gleichen Betrag wiederverkauft. Sie kaufen also den MDAX und verkaufen den DAX. Diese Position halten Sie für drei Quartale. Im vierten Quartal drehen Sie den Trade um und verkaufen den MDAX und kaufen den DAX.

B2) Durchschnittliche Monatsrenditen DAX, MDAX und SDAX

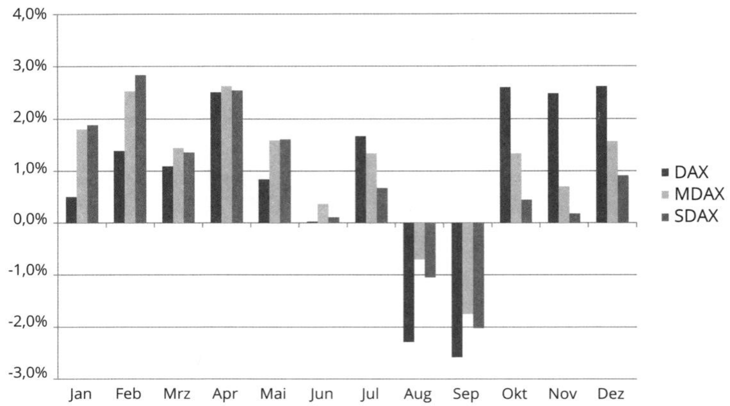

Es wird ersichtlich, dass die durchschnittliche Monatsrendite der Nebenwerte in den ersten neun Monaten eines Jahres über der Rendite des DAX liegt. Einzige Ausnahme ist der Juli. In den letzten drei Monaten des Jahres dreht sich dieser Effekt dann um.

Quelle: André Stagge

Dadurch, dass Sie jeweils einen Index long und den anderen short sind, ist die Strategie unabhängig von der direktionalen Marktentwicklung am Aktienmarkt. Es spielt keine Rolle, ob die Aktien insgesamt steigen oder fallen. Für Ihr Depot ist nur wichtig, dass Sie von der relativen Bewegung des einen Index gegen den anderen profitieren.

In der Praxis kann man zum Beispiel zu Jahresbeginn einen MDAXLong-ETF für 1000 Euro kaufen und einen DAX-Short-ETF für weitere 1000. Diese Position halten Sie dann drei Quartale lang. Zu Beginn des vierten Quartals drehen Sie die Position um und halten den MDAX-Short-ETF und den DAX-Long-ETF für drei Monate bis zum Jahresende. In jedem Jahr werden nur vier Transaktionen getätigt. Zwei am Anfang des Jahres und zwei weitere zu Beginn des vierten Quartals. Für diese einfache Strategie ist kein Stopp-Loss und Take Profit vorgesehen. Die Herangehensweise ist sehr einfach und kann psychologisch leicht umgesetzt werden. Sie profitieren davon, dass diese Strategie unkorreliert zu vielen anderen Strategien ist. Außerdem tragen Sie nur sehr

B3) Performance-Kurve

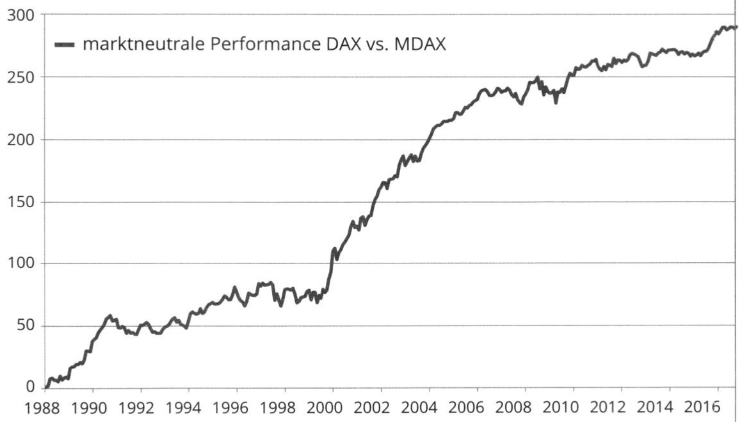

Bild 3 zeigt die Gewinnentwicklung seit dem 01.01.1988. Wenn damals beispielsweise jemand jeweils 100 Euro in den MDAX-Long-ETF und 100 Euro in den DAX-Short-ETF investiert hätte und der entsprechenden Strategie gefolgt wäre, wären 289% Gewinn möglich gewesen.

Quelle: André Stagge

geringe Transaktionskosten und können die Strategie mit Futures oder ETFs bequem in sehr liquiden Märkten umsetzen (Bild 3).

In den vergangen 28 Jahren konnten Sie mit dieser marktneutralen Strategie 289 Prozent verdienen. In 21 von 28 Jahren hätten Sie einen Gewinn generiert, der im Durchschnitt 7,62 Prozent betragen hat. In den sieben Jahren, in denen es nicht funktioniert hat, beträgt der durchschnittliche Verlust 1,2 Prozent. Der maximale Drawdown beträgt auf monatlicher Basis nur zehn Prozent.

WARUM FUNKTIONIERT EINE SO EINFACHE STRATEGIE?

Die Marktkapitalisierung im MDAX beträgt für die 50 in dem Index enthaltenen Unternehmen zirka 300 Milliarden Euro. Im DAX, der aus 30 Titeln besteht, beträgt die Marktkapitalisierung etwa 1100 Milliarden Euro. Dass kleine Unternehmen im Durchschnitt bessere Wertzuwächse liefern als große Unternehmen, ist weitestgehend bekannt. Die Wissenschaft spricht hier von der sogenannten Size-Prämie, also der empirisch stabilen Beobachtung, dass Firmen mit einer niedrigen Marktkapitalisierung höhere Renditen erwirtschaften. Die Gründe dafür sind vielseitig. Beispielsweise gelten für kleinere Unternehmen geringere Offenlegungspflichten. Die daraus entstehenden Informationsasymmetrien werden in der Regel durch eine zusätzliche Rendite vergütet. Außerdem ist die Liquidität in kleinen Titeln deutlich geringer und damit können Aktienkäufer eine Risikoprämie erhalten. Große Konzerne sind oft wie Staaten - kompliziert und bürokratisch. Kleine Unternehmen sind dagegen häufig flink und wendig. Es gibt flache Hierarchien, kurze Entscheidungswege und schnelle Reaktionszeiten. Gründerfamilien sind häufig noch Anteilseigner oder sogar noch Eigentümer. Die kleinen Firmen profitieren von einem konzentrierten Geschäft und dem Wunsch, in ihrer Nische zu wachsen und Marktführer zu werden. Große Firmen sind in der Regel breit diversifiziert und verwalten häufiger Risiken als diese aktiv einzugehen. Diese Fakten erklären die generell bessere Performance des MDAX gegenüber dem DAX, auf die wir für drei Quartale setzen. Warum dreht sich dieser Effekt aber im vierten Quartal um? In einer Studie der Yale Universität zeigen die Verfasser, dass sich das relative Bewertungsniveau von Nebenwerten im Jahresverlauf deutlich ändert. Zhiwu Chen und Jan Jindra zeigen in ihrer Ausarbeitung „A Valuation Study of Stock-Market Seasonality and Firm Size", dass das Bewertungsniveau von Nebenwerten in den ersten Monaten eines Jahres stetig ansteigt, um in den letzten Monaten konstant wieder zu fallen. Im Gegensatz dazu unterliegt das Bewertungsniveau von Blue-Chip-Aktien keinen signifikanten Änderungen im Jahresverlauf.

Das beste Argument für den saisonalen Effekt liefern aber professionelle Asset Manager, Banken und Versicherungen. Die meisten Kapitalmarktprofis haben am Jahresbeginn eine Präferenz für kleinere Unternehmen, die nicht immer in ihrem Vergleichsindex enthalten sind. Diese Nebenwerte führen in der Regel zu einer Outperformance über das Jahr - aus den vorher genannten Gründen. Aufgrund der von ihnen anzulegenden Geldbeträge können sie nicht an einem Tag komplett in den Markt für kleinere Unternehmen einsteigen. Vielmehr probieren sie weitestgehend geräuschlos ihre Aktienquoten zu Beginn des Jahres zu erhöhen und verteilen ihre Käufe eventuell über mehrere Wochen. Am Jahresende geht es den Profis dann darum, Ergebnisse zu sichern und wieder weniger Risiken einzugehen. Sie reduzieren ihre Abweichungen zum Vergleichsindex und schonen im vierten Quartal damit ihre Risikobudgets und ihre Nerven. Daher laufen Nebenwerte - deren Rendite unabhängig von den klassischen Benchmarks (DAX oder EuroStoxx 50) verläuft - in den letzten Monaten eines Jahres schlechter als der große Index.

Fazit

Wer kurzfristig alles richtig macht, der macht langfristig nichts falsch. Nach diesem Motto arbeiten viele Daytrader. Dennoch gehören auch langfristige Strategien in jedes gut diversifizierte Portfolio. Mit der vorgestellten Strategie profitieren Sie für drei Quartale von der Ertragskraft der im MDAX enthaltenen Werte. Im vierten Quartal machen Sie sich das Investorenverhalten von institutionellen Anlegern zu Nutze. Dadurch können Sie mit einfachen Mitteln und ohne viel Stress marktneutral an der Börse Geld verdienen. Egal ob der Aktienmarkt steigt oder fällt.

2

Anlagestrategien mit ETFs

Exchange Traded Funds (im Folgenden ETFs abgekürzt) sind Investmentfonds, die an der Börse gehandelt werden und bilden genau wie die klassischen Fonds die Entwicklung von verschiedenen Investments ab. Im Vergleich zu den klassischen Fonds werden die Anteile der Indexfonds direkt an der Wertpapierbörse und nicht über eine Investmentgesellschaft gehandelt. Zudem werden die ETFs nicht aktiv von einem bestimmten Management verwaltet. Die Exchange Traded Funds bilden passiv den Wert von einem Index ab, wie zum Beispiel vom Deutschen Aktienindex (DAX). Dies ist auch der Hauptgrund, weshalb ETFs in Deutschland als Indexfonds bezeichnet werden. Bei einem Investmentfonds handelt es sich um eine zentrale Sammelstelle für Gelder von verschiedenen Anlegern. Anschließend erteilen die Anleger einem Fondsmanager den Auftrag, ihr Kapital so ertragreich und breit gestreut wie möglich unter Berücksichtigung einer bestimmten Anlagestrategie zu investieren. In dieser Strategie ist genau festgelegt, in welche Art von Anlageklassen (zum Beispiel Rohstoffe oder Aktien) der Manager überhaupt investieren darf. Die Anlagegelder von einem Investmentfonds sind rechtlich betrachtet Sondervermögen und dieses wird treuhänderisch von der Depotbank verwahrt.

Ein ETF funktioniert auf der einen Seite wie ein Investmentfonds und auf der anderen Seite als eine individuelle Form der Beteiligung mittels eines Wertpapiers. Exakt wie ein klassischer Investmentfonds besteht ein ETF aus einer individuellen Zusammenstellung von mindestens 10 bis 50 unterschiedlichen Wertpapieren. Damit ist ein ETF für viele Marktteilnehmer eine hervorragende und vor allem leichte Möglichkeit zur Diversifikation. Die Marktteilnehmer müssen nicht mehrere einzelne Aktien selbstständig auswählen, was Zeit- und Kosteneinsparungen zur Folge hat. Genau wie die normalen Aktien können auch die ETFs mit einem einfachen Margin-Konto gehandelt werden. Sie können sogar ohne die Beachtung einer sogenannten Uptick Regel leerverkauft werden. Gemäß der Uptick Rule muss ein Marktakteur bei einem Leerverkauf darauf warten, dass die Preise zuerst einen Tag lang nach oben gehen, bevor er seine geliehenen Aktien wieder verkauft. Dadurch kann es passieren, dass die Akteure mit den Leerverkauf Geld verlieren. Bei den Exchange Traded Funds gibt es diese Regel nicht. Alle Marktteilnehmer können sich zu jeder Zeit die Wertpapiere von einem ETF leihen und sie dann ohne eine Verpflichtung im Rahmen einer Abwärtsbewegung wieder leerverkaufen. Zusätzlich zeichnen sich die ETFs dadurch aus, dass die Marktakteure in viele unterschiedliche Sektoren von einer Wirtschaft investieren können und dadurch ergibt sich eine fast grenzenlose Vielfalt. Mit den ETFs kaufen sich die Anleger eine ganze Branche, einen ganzen Börsenindex oder eine ganze Anlagekategorie in ihr Depot.

DIE GESCHICHTE DER EXCHANGE TRADED FUNDS

In den USA sind die ETFs bereits seit vielen Jahren beliebt. Dies liegt vor allem daran, dass die Exchange Traded Funds die Vorteile von Fonds und Wertpapieren in einem Handelsprodukt vereinen. Bereits Anfang der 70iger Jahre wurde in Amerika die Idee geboren, den ganzen Börsenindex über nur einen einzigen Fonds handelbar zu machen. Der erste Fonds dieser Art entstand deshalb bereits im Jahr 1973, er konnte jedoch ausschließlich von institutionellen Anlegern gehandelt werden. Nur drei Jahre später konnten auch die ersten Privatanleger in den USA einen Indexfonds kaufen. Zu dieser Zeit waren die ETFs die einzigen Fonds, die an der Börse gehandelt wurden. Der älteste Fonds, der in den USA gehandelt wurde, ist der Standard & Poor's Depositary Receipt (SPDR). Dieser ist seit 1993 an der American Stock Exchange Börse handelbar. Wegen seines Akronyms wird der Fonds auch „Spiders" genannt. Die bekannte Vermögensverwaltung „State Street Global Advisors" brachte diesen Fonds auf den Markt. Dank einer Marktkapitalisierung mit einer Summe von 90 Milliarden Dollar ist der SPDR nicht nur der älteste, sondern zugleich auch der größte Fonds. Die börsennotierten ETFs basieren auf einem fixierten Aktienportfolio aus dem Index S&P 500.

Seit April 2000 werden die Exchange Traded Funds auch in Deutschland, Großbritannien, Schweden und in der Schweiz angeboten. In der Anfangszeit hatte der ETF-Markt in Deutschland nur zwei passiv gemanagte Fonds. Seit 2004 gibt es ETFs auch auf Immobilien und auf den Rohstoff Gold. Im Jahr 2005 eroberten die Indexfonds neue Märkte und es gingen verschiedene ETFs in Osteuropa und Südafrika an den Start. Zur gleichen Zeit wurden die ersten ETFs von der Börse in Dublin auf irische Aktien aufgelegt. Aufgrund der geringen Kosten und der hohen Transparenz wurden die Indexfonds immer beliebter, wodurch der Markt ein deutliches Wachstum verzeichnete und deshalb stetig wuchs. Mittlerweile ist das gesamte Volumen auf mehr als 20 Milliarden Euro angestiegen und der durchschnittliche Tagesumsatz liegt bei über 200 Millionen Euro.

EIGENSCHAFTEN ETFS

Die Exchange Traded Funds sind darauf ausgelegt, dass sie die Entwicklung von einem Index so präzise wie möglich nachbilden. Dies funktioniert natürlich auch bei einem fallenden Markt. Im direkten Vergleich zu den klassischen Fonds kann die Zusammensetzung von einem Index durch fallende Kursen nicht verändert werden. Deshalb folgen die ETFs stets ihrem Referenzwert. Generell wird zwischen zwei unterschiedlichen ETF-Arten unterschieden. Es gibt Exchange Traded Funds mit einer direkten Replikation und ETFs mit einer indirekten Replikation. Exchange Traded Funds mit einer direkten Replikation halten alle Wertpapiere von einem Referenzindex in genau dem Verhältnis, in dem die Aktien auch in ihrem Index gewichtet sind.

Diese Art der Indexnachbildung ist zum einen sehr aufwendig und zum anderen kostenintensiv. Deshalb setzen viele ETFs auf die indirekte Nachbildung mittels Swaps. In einem solchen Fall hält der Exchange Traded Funds Aktien, die nicht direkt etwas mit dem jeweiligen Index zu tun haben. Gemeinsam mit einem sogenannten Swappartner, der meist die Muttergesellschaft ist, wird dann die Performance dieser Aktien gegen die Performance vom Referenzindex getauscht. Viele Exchange Traded Funds setzen auf eine optimierte Auswahl an Aktien und somit werden die Indizes mit vielen unterschiedlichen Bestandteilen nachgebildet. Es werden zum Beispiel Wertpapiere mit einer besonders geringen Gewichtung nicht in den Index mit aufgenommen, da die Entwicklung ihrer Werte keinen großen Einfluss auf die Index-Wertentwicklung hat.

WELCHE ARTEN VON ETFS GIBT ES?

Aufgrund der großen Beliebtheit der Exchange Traded Funds gibt es mittlerweile eine breite Produktpalette an unterschiedlichen ETFs. Vielen Anfängern fällt es deshalb nicht leicht, sich in dem großen Markt zurechtzufinden. Du machst dir das Ganze deutlich einfacher, indem du die ETFs nach der entsprechenden Assetklasse (Anlageklassen), nach der jeweils verfolgten Investmentstrategie oder nach ihrer Art der Nachbildung untergliederst.

Zu den beliebtesten Anlageklassen gehören Anleihen, Aktien, der Geldmarkt, Rohstoffe, Währungen und Immobilien. Des Weiteren existieren mittlerweile auch Exchange Traded Funds auf unterschiedliche Strategien, wie beispielsweise Merger Arbitrage oder Managed Futures. Im Hinblick auf die Investmentstrategien gehören die ETF Indexfonds mit Abstand zu den beliebtesten Strategien. Auf der einen Seite existieren Indizes auf die breiten Aktienmärkte, wie beispielsweise auf den DAX, S&P 500 und auf MSCI World. Auf der anderen Seite gibt es auch Indizes auf ganz unterschiedliche Branchen oder durch den Index zusammengefasste Schwellenländer. Dadurch kannst du als Investor beispielsweise eine komplette Branche mit einem ETF erwerben.

Die wichtigsten ETFs in der Übersicht

Weltweit haben Investoren die Wahl zwischen mehr als 4.500 ETFs und diese verwalten ein riesiges Vermögen von rund drei Billionen US-Dollar. Anhand bestimmter Kriterien können Anleger sofort erkennen, ob es sich um einen beliebten und wichtigen ETF handelt oder nicht. Besonders aussagekräftig im Hinblick auf die Größe und Wichtigkeit von einem ETF ist das Volumen. Je mehr Anleger sich für den jeweiligen Index und den Markt interessieren, desto größer werden die ETFs. Aus diesem Grund haben die bekannten und wichtigen ETFs, wie zum Beispiel S&P 500 und Euro Stoxx 50 ein wesentlich größeres Volumen als beispielsweise die Exchange Traded Funds aus den Schwellenländern. Der Vanguard Total Stock Market ETF ist der größte Indexfonds auf der Welt mit einem Wert von insgesamt 369 Milliarden Euro.

DAX-ETFs

Der DAX ist das wichtigste Aktienbarometer Deutschlands und enthält die Wertpapiere von den 30 größten Unternehmen in Deutschland. Der Index gewichtet diese Wertpapiere nach der Streubesitz-Marktkapitalisierung. Dies bedeutet, dass die frei am Markt handelbaren Unternehmensanteile für die Gewichtung im Deutschen Aktienindex relevant sind. Investierst du in den DAX über Exchange Traded Funds, dann partizipierst du nicht nur an den Kursgewinnen, sondern erhältst auch einen Anteil der ausgeschütteten Dividenden. Dir stehen für eine Anlage insgesamt neun unterschiedliche ETFs zur Verfügung. Die TER (Gesamtkostenquote) von einem DAX-ETF bewegt sich zwischen 0,08 Prozent und 0,16 Prozent pro Jahr.

Die drei größten DAX-ETFs sind der iShares Core DAX UCITS ETF, der db x-trackers DAX UCITS ETF (DR) 1C und der Deka DAX UCITS ETF. Die Deutsche Börse ist einer der größten Indexanbieter auf der ganzen Welt. Neben dem DAX gibt es noch den SDAX, den MDAX und den TecDAX. Zu den wichtigsten Merkmalen von einem DAX-ETF gehört nicht nur die Wertentwicklung, auch die Größe, das Alter, das Fondsdomizil, die Kosten und die Ertragsverwendung spielen eine Rolle. Anhand dieser Kriterien kannst du die verschiedenen Exchange Traded Funds auf den DAX transparent miteinander vergleichen. In Deutschland sind Exchange Traded Funds auf Indizes, wie zum Beispiel auf den DAX am beliebtesten. Der mit Abstand größte ETF auf den deutschen Leitindex ist der iShares Core DAX. Sein Gesamtvermögen liegt bei rund neun Milliarden Euro, damit liegt der ETF in der Volumenrangliste auf dem 13. Platz. Zur gleichen Zeit ist dieser Indexfonds auch der liquideste DAX-ETF auf der elektronischen Handels¬plattform Xetra. Aufgrund der geringen Differenz zwischen dem Kauf- und dem Verkaufspreis eignet sich dieser ETF bestens für Anleger, die viel handeln möchten. Der ETF db X-trackers Euro Stoxx 50 hat ein Volumen von mehr als fünf Milliarden Euro. Dank einer geringen jährlichen Gebühr von 0,09 Prozent sind die Handelskosten beim db X-trackers Euro Stoxx 50 sehr niedrig, womit dieser ETF sich hervorragend für langfristig orientierte Anleger eignet.

STOXX

Der europäische Indexanbieter STOXX ist die Tochter von der Schweizer Börse SIX und der Deutschen Börse. Der Index wurde bereits 1998 gemeinsam mit dem STOXX Europe 50 aufgelegt. Er enthält die 50 Unternehmen aus der europäischen Zone, die die größte Streubesitz-Marktkapitalisierung besitzen. Im Gegensatz zum STOXX 50 beschränkt sich der STOXX Europe 50 nicht auf den europäischen Raum. Zusätzlich gibt es von dem Anbieter noch viele weitere Indizes, die sich auf unterschiedliche Sektoren, Regionen und Themen beziehen. Der Stand eines bekannten Index, wie beispielsweise der Euro Stoxx 50, kann jederzeit ohne Probleme im Fernsehen, in der Zeitung oder auch im Internet verfolgt werden und ist daher besonders empfehlenswert für Anfänger.

Standard & Poor's

Die US-amerikanische Ratingagentur S&P (Standard & Poor's) ist der größte Index-Anbieter weltweit. Der mit Abstand bekannteste Index von S&P ist der S&P 500. In diesem sind die 500 größten börsennotierten Unternehmen aus den USA aufgelistet. Aufgrund seiner beachtlichen Größe gilt der S&P 500 als wichtigster Indikator für den ganzen amerikanischen Aktienmarkt. Zur S&P-Familie gehören außer dem S&P 500 noch mehr als 830.000 weitere Indizes.

MSCI-Indizes

Der amerikanische Dienstleister Morgan Stanley Capital stellt die MSCI-Indizes zusammen. Er bietet viele unterschiedliche regionale, internationale, strategische oder thematische Aktienindizes an. Diese dienen unter anderem auch als ein Referenzindex für klassische Fonds und ETFs. Die wichtigsten Indizes sind MSCI World (mehr als 1.800 Aktien aus 23 Industrienationen), der MSCI Emerging Markets (800 Aktien aus rund 25 Schwellenländern) und der MSCI Europe (Wertpapiere aus 17 Ländern in Europa). Der ETF iShares Core MSCI World verwaltet ein riesiges Vermögen von mehr als fünf Milliarden Euro. Er ist um 0,2 Prozent günstiger als das ausschüttende Pendant ISIN: IE 00B 0M6 2Q5 8.

iBoxx

Indizes unter dem Namen iBoxx sind Rentenmarktindizes für Asien, die USA und Europa. Die Indizes werden von der IIC (International Index Company) berechnet und auch veröffentlicht. Im Detail handelt es sich dabei um eine Tochter vom Finanzdienstleister Markit. Besonders beliebt als Basis für die ETFs sind die Liquid-Indizes von iBoxx. Diese bündeln die liquidesten Anleihen aus verschiedenen Bereichen.

DBLCI

In der DBLCI-Familie befinden sich zahlreiche Indizes auf Rohstoffe und diese werden von der Deutschen Bank berechnet, zusammengestellt und veröffentlicht. Der mit Abstand wichtigste Index ist der DBLCI (Deutsche Bank Liquid Commodities Benchmark Index). Dieser verfolgt die Entwicklung von 6 sechs unterschiedlichen Rohstoffen aus den verschiedenen Bereichen wie Edelmetalle, Energie, Agrarrohstoffe und Industriemetalle. Die Indizes von DBLCI dienen als wichtige Basis für viele strukturierte Handelsprodukte wie Zertifikate oder ETFs.

Dow Jones Industrial Average

Der bekannteste Index für die amerikanischen Aktiengesellschaften spiegelt die präzise Kursentwicklung von den 30 wichtigsten amerikanischen börsennotierten Unternehmen wieder. Eine Kommission vom Wall Street Journal entscheidet dabei über die Aufnahme oder den Ausschluss von Aktien.

Die größten in Deutschland zugelassenen ETFs

- iShares Core S & P 500
- PowerShares QQQ ETF
- iShares MSCI EAFE
- iShares Russell 2000
- iShares iBoxx $ Invst Grade Crp Bond
- iShares Russell 1000
- iShares MSCI Emerging Markets
- iShares Select Dividend
- iShares MSCI Eurozone

Die größten ETFs weltweit

- Vanguard 500 ETF
- Vanguard Total Stock Market ETF
- Vanguard Total International Stock ETF

- Vanguard Total Bond Market ETF
- iShares Core S & P 500
- SPDR S & P 500 ETF
- iShares MSCI EAFE
- Vanguard Small-Cap ETF
- Vanguard Mid-Cap ETF
- Vanguard FTSE Developed Markets

So findest du einen geeigneten ETF

Möchtest du mit ETFs handeln, so musst du dich als Erstes für einen Index entscheiden. Nun stellt sich natürlich die Frage, welchen du nehmen sollst? Von Anbieter zu Anbieter gibt es kleinere Abweichungen. Um diese genau messen zu können, machst du dir eine spezielle Kennzahl zunutze - den sogenannten Tracking-Error. Dieser misst die Standardabweichung und hilft dir bei deiner Entscheidung. Liegt der Tracking-Error bei null, so entspricht die ETF-Werte Entwicklung zu jedem einzelnen Zeitpunkt der DAX-Werteentwicklung. Gibt es beim Tracking-Error höhere Differenzen, wie zum Beispiel bei 0,5 Prozent, dann solltest du besser nicht kaufen.

Neben dem Tracking-Error hilft dir die Tracking Difference den für dich geeigneten ETF zu finden. Die Tracking Difference gibt präzise an, inwieweit die angegebene Rendite und die Rendite des Indexes voneinander abweichen. Gibt es bei einem DAX-Indexfonds im Laufe eines Jahres einen Unterschied von 0,3 Prozent, dann hat der Fonds die DAX-Werteentwicklung um genau 0,3 Prozent übertroffen. In den meisten Fällen zahlt es sich für dich aus, wenn du in einen Fonds mit einer geringen positiven Differenz investierst. Bevor du dich endgültig für einen ETF entscheidest, solltest du noch die möglichen, anfallenden Gebühren beachten. Je nach Anbieter und Anlageregion gibt es deutliche Unterschiede. Exchange Traded Funds auf einem weltweiten Aktienindex, wie zum Beispiel auf den MSCI World, sind meistens teurer als die DAX-ETFs.

Die meisten Anbieter verstecken die Gebühren auf ihren Webseiten unter dem Kürzel TER (englische Abkürzung für die Gesamtkostenquote). Haben zwei Fonds nahezu identische Eigenschaften, dann solltest du dich für den günstigeren Fonds entscheiden. Je höher die Gebühren, desto geringer ist deine Rendite. Je länger der Anlagezeitraum, desto mehr macht sich ein kleiner Kostenunterschied bemerkbar. Neben den Gebühren spielen die Handelskosten eine entscheidende Rolle. Es macht einen deutlichen Unterschied, wenn die Spanne zwischen dem Kauf- und dem Verkaufskurs einen geringen Wert von 0,1 Prozent oder einen höheren Wert von 0,5 Prozent hat.

Nachfolgende ETFs haben mindestens ein Volumen von zehn Millionen und gehören somit zu den wichtigsten Exchange Traded Funds.

- VanEck Vectors Gold Miners
- iPath S&P 500
- Financial Select Sector SPDR
- ProShares Ultra VIX
- VelocityShares Daily 2x VIX
- PowerShares QQQ Trust Series 1
- iShares Russell 2000
- United States Oil
- VelocityShares Daily Inverse VIX
- VanEck Vectors Junior Gold Miners
- iShares MSCI EAFE
- ALPS Alerian MLP

AUF WELCHE ART UND WEISE KÖNNEN ANLEGER MIT ETFS RENDITEN ERZIELEN?

Die Exchange Traded Funds eignen sich sowohl für eine kurzfristige als auch für eine langfristige Investition. Als Anleger bist du sehr flexibel und kannst ETFs innerhalb eines Tages zu jeder Zeit kaufen oder verkaufen. Kurzfristig kannst du mit den Exchange Traded Funds von jeder kleinen Marktbewegung profitieren. Langfristig bieten dir die ETFs ebenfalls einen soliden Ertrag, der sich durchaus mit den beliebtesten aktiven Fonds messen kann.

Mit der Volatilität Geld verdienen

Kursschwankungen sind in der Regel ein Zeichen dafür, dass die Anleger an den Märkten nervös sind. Durch hohe Schwankungen steigt einerseits zwar das Investitionsrisiko, auf der anderen Seite kannst du zu diesen Zeiten aber auch eine deutlich höhere Rendite erzielen. Am effektivsten funktioniert dies mit Fonds, die auf eine hohe Volatilität setzen. Die Volatilität von einem Wertpapier beschreibt präzise dessen Neigung zu einer Kursschwankung. Je höher die Volatilität, umso stärker schwankt ein Kurs oder der Wert eines Wertpapiers. Möchtest du im Voraus das Risiko von einer Anlage einschätzen, so hilft dir dabei die historische Volatilität. Eine zu hohe Volatilität gilt bei den meisten Anlegern als nicht wünschenswert, da sie meistens zu einem unvorhersehbaren Ergebnis und starken Kursverlusten führen kann. Um die massiven Verluste in den turbulenten Börsenzeiten zu vermeiden, halten deshalb die meisten Anleger die Volatilität von ihrem Portfolio so gering wie möglich. Dies geschieht in der Regel durch Diversifikation, indem die Anleger das Geld in unterschiedliche Wertpapiere und verschiedene Anlageklassen investieren. Aufgrund der gegenläufigen Bewegungen der Kurse können zu starke Kursschwankungen ausgeglichen werden. Logischerweise erwirtschaften schwankungsarme Anlagen eine geringere Rendite als Anlagen mit starken Schwankungen. Vor allem bei Wertpapieren gibt es keinen hohen Gewinn ohne ein vorhandenes Risiko. Besonders hilfreich bei der Suche nach geeigneten ETFs ist die 1-Jahres-Volatilität.

Volatilitätsindizes

Durch den Grad der Volatilität können Banken oder Börsen Volatilitätsindizes errechnen. Die Entwicklung dieser Indizes bilden die ETFs so genau wie möglich ab. Sollte die Unsicherheit steigen, dann steigt zur gleichen Zeit auch der Volatilitätsindex und dadurch steigt auch der Wert dieser ETFs. Ein bekanntes Beispiel aus der Vergangenheit war die zunehmende Sorge um die Schwellenländer. Der Exchange Traded Funds auf den VStoxx spiegelt die Unsicherheit an den Aktienmärkten in Europa wieder. Er stieg innerhalb von nur zwei Wochen durch die hohe Unsicherheit um ganze 15 Prozent. Dadurch konnten die Anleger sehr viel mehr Geld verdienen, als wenn sie typischerweise auf einen fallenden Kurs gesetzt hätten. Zwar sanken die Kurse an sich, doch dies deutlich weniger als der Anstieg des Volatilitätsindex. Auch in Europa wird der Unsicherheitsindex VStoxx am häufigsten für Geldanlagen genutzt.

Dir stehen vier Optionen zur Verfügung, wie du mit Hilfe von ETFs Geld verdienen kannst. Du kannst auf eine starke Veränderung der Unsicherheit spekulieren. Dies ist auf der einen Seite sehr lukrativ, aber auf der anderen Seite hingegen sehr riskant. Alternativ kannst du daraufsetzen, dass die historische Volatilität steigt. Dies ist eigentlich wahrscheinlicher. Bist du hingegen der Meinung, dass die Unsicherheit weiter zurückgeht, dann eignen sich die Short-Zertifikate der Commerzbank. Wenn du der Meinung bist, dass die Aktienkurse bereits ihren Höhepunkt erreicht haben und schon bald deutlich fallen werden, dann eignen sich die Short-Indexfonds, wie zum Beispiel der Euro Stoxx 50 oder DAX-ETFs.

Mit ETF Sparplänen Geld verdienen

Genau wie bei einem klassischen Fonds kannst du auch in viele ETFs über Sparpläne investieren. Mit einem ETF Sparplan kannst du ohne viel Kapital und mit kleinen Schritten nach und nach ein Vermögen aufbauen. Du investierest einfach jeden Monat, quartalsweise oder auch halbjährlich Geld in ein Produkt deiner Wahl. Du profitierst bei einem ETF-Sparplan zum einen vom Zinseszinseffekt zum anderen durch seine Flexibilität. Du kannst den Sparplan zu jeder Zeit an deine individuelle Lebenssituation anpassen. Solltest du aktuell nicht viel Geld haben, so kannst du entweder die Sparrate senken oder sie komplett pausieren. Auf der anderen Seite kannst du die Sparrate natürlich auch erhöhen.

Da du bei einem Sparplan immer wieder die gleiche Summe investierst, ergeben sich durch die Kursschwankungen immer unterschiedlich große Anteile. Bei einem höheren Kurs kaufst du logischerweise weniger Anteile, während du bei einem niedrigeren Kurs mehr Anteile kaufst. Auf lange Sicht erwirbst du alle Anteile somit zu einem Durchschnittspreis. Deshalb musst du dir auch keinerlei Gedanken machen, wann du kaufst.

WELCHE VORTEILE HABEN ETFS IM VERGLEICH ZU DEN ANDEREN ANLAGESTRATEGIEN?

Unabhängig davon, ob du ETFs mit Zertifikaten oder aktiv gemanagten Fonds vergleichst, du profitierst bei dieser Art der Geldanlage stets von einigen Vorteilen. Dank diesen Vorzügen erfreut sich diese Anlageform einer großen Beliebtheit.

Kostenvorteil

Einer der größten Vorzüge von ETFs gegenüber den aktiv gemanagten Fonds sind die geringeren Kosten. Die anfallenden Verwaltungsgebühren für einen Exchange Traded Funds liegen in den meisten Fällen zwischen 0 Prozent und 0,8 Prozent des Vermögens. Im direkten Vergleich dazu sind die Verwaltungsgebühren bei den aktiv gemanagten Aktienfonds deutlich höher und betragen meistens zwischen 1,5 Prozent und 2 Prozent. Zusätzlich verlangen die Banken von den Anlegern bei vielen aktiv gemanagten Aktienfonds noch einen Zuschlag in Höhe von bis zu 5 Prozent oder sogar noch mehr. Diese zusätzlichen Kosten fallen beim Handel mit ETFs in den meisten Fällen weg. Bei Exchange Traded Funds musst du nur die gängigen Transaktionskosten der jeweiligen Börse bezahlen. Diese Kosten betragen bei vielen depotführenden Banken weniger als zehn Euro pro Order.

Ein weiterer Vorteil liegt darin, dass du bei den ETFs keine Börsengebühren bezahlen musst. Bei den aktiv gemanagten Fonds hingegen werden Wertpapiere ständig gekauft und verkauft. Die Anleger müssen deshalb an die Gesellschaften Börsengebühren bezahlen und diese schmälern natürlich deine Rendite. Es gibt nur sehr wenige aktiv gemanagte Fonds, die sich auf lange Sicht besser entwickeln als die günstigen Exchange Traded Funds. Im Rahmen einer langfristigen Studie hat der bekannte Finanzökonom Mark Carhart knapp 1900 aktiv gemanagte Fonds untersucht. Über einen Zeitraum von 35 Jahren entwickelten sich ganze 94 Prozent der aktiv gemanagten Fonds deutlich schlechter als der Vergleichsindex. Dies liegt vor allem daran, dass die Fonds, die hohe Kostenbelastung nicht durch eine passende Aktie wieder ausgleichen konnten. Zusammengefasst lässt sich damit festhalten, dass die aktiv gemanagten Fonds nur auf dem Papier für den Anleger eine überdurchschnittliche hohe Rendite erwirtschaften. In der Realität können die Fonds ihre Versprechen nicht halten.

Hohe Flexibilität

Exchange Traded Funds besitzen eine ähnliche Handelskostenstruktur wie Wertpapiere. Der Unterschied zwischen dem Ankaufskurs (Bid) und dem Verkaufskurs (Ask), der sogenanntes Spread, ist in den meisten Fällen sehr gering. Er liegt beim Handel mit ETFs in der Regel bei nur zehn Basispunkten. Der wesentliche Grund für den geringen Unterschied ist die hohe Liquidität bei den Exchange Traded Funds. Zu den jeweiligen Öffnungszeiten der Börsen sind die ETFs zu jeder Zeit handelbar. Damit bist du als Anleger wesentlich flexibler als beim Handel mit traditionellen Fonds. Bei diesen wird in der Regel nur einmal pro Tag der Preis festgelegt.

Hohe Liquidität

Du kannst die Exchange Traded Funds um einiges schneller wiederverkaufen als die herkömmlichen Investmentfonds, da diese wie bereits erwähnt über die Börse gehandelt werden. Einen herkömmlichen Investmentfonds musst du beim Verkauf in den meisten Fällen wieder an die Fondsgesellschaft zurückgeben. Bis du letzten Endes die Gutschrift vom Verkauf auf deinem Bankkonto eingegangen ist, vergehen in der Regel mehrere Tage.

Hohe Sicherheit

Genau wie bei vielen anderen Anlageformen gibt es bei den ETFs Kursschwankungen. Dennoch kommst du als Anleger in den Genuss einer hohen Sicherheit. Genau wie die herkömmlichen Investmentfonds haben auch die ETFs den Status von einem Sondervermögen. Dies bedeutet in der Praxis, dass deine Anteile stets getrennt von dem jeweiligen Vermögen der Fondsgesellschaft aufbewahrt werden. Sollte die Gesellschaft zahlungsunfähig werden, dann sind deine Exchange Traded Funds von dieser Problematik nicht betroffen.

Hohe Transparenz

Welche Wertpapiere sich in einem Investmentfonds an einem Tag genau befinden, das wissen die Anleger meistens nicht. Die Gesellschaften veröffentlichen diese Informationen meist nur auf einen Stichtag bezogen und somit mit einer deutlichen Verzögerung. Im direkten Gegensatz dazu kannst du die Werteentwicklung von einem bestimmten Börsenindex und dem zugrundeliegenden Wertpapier sehr leicht nachvollziehen. Du musst dazu nur in die Tageszeitung schauen oder ein Internetportal besuchen. Des Weiteren ist die exakte Zusammensetzung von einem Indexfonds bekannt, wodurch du einen genauen Überblick über deine Investition behältst.

Risikodiversifikation

Aktiv verwaltete Fonds müssen rein rechtlich betrachtet das Risiko ihrer Anleger vermindern, indem sie ihr Kapital in viele unterschiedliche Wertpapiere investieren. Bei den Exchange Traded Funds ist das Ausmaß der Risikostreuung noch um einiges höher. Handelt es sich zum Beispiel um einen ETF auf den bekannten

Euro Stoxx 50, dann bildet dieser die tatsächliche Entwicklung von allen 50 enthaltenen Aktien präzise ab. Bei dem noch wesentlich größeren US-amerikanischen Index S&P 500 bildet ein ETF die Entwicklung von 500 unterschiedlichen Aktien ab. Wenn du zum Beispiel einen MSCI-World-Exchange Traded Funds kaufst, sind an der Wertentwicklung 1.500 Wertpapiere aus der ganzen Welt beteiligt. Im direkten Vergleich zu einzelnen Aktien schneiden die ETFs im Hinblick auf die Risikostreuung somit deutlich besser ab. Möchtest du mit dem Kauf von einzelnen Wertpapieren dein Risiko angemessen streuen, dann musst du mindestens 50 unterschiedliche Werte aus vielen unterschiedlichen Branchen und Regionen besitzen. Ohne ausreichendes Wissen und das nötige Kapital ist dies natürlich kaum machbar. Bei den Exchange Traded Funds ist dies deutlich einfacher und auch günstiger. Dank der breiten Risikostreuung sind die ETFs auch hervorragend für ein kleines Startkapital geeignet. Du kannst dein gesamtes Depot zum Beispiel aus drei ETFs aufbauen und deckst damit neben den weltweiten Aktienmärkten außerdem noch Anleihen mit ab. Zusätzlich bieten auch viele Direktbanken Fondssparpläne mit ETFs an. Diese sind sehr vorteilhaft für Anleger, die nur einen geringen Betrag von zum Beispiel 25 Euro pro Monat investieren möchten.

STARTE JETZT DURCH MIT ETFS

Zunächst benötigst du natürlich ein Investitionskapital. Grundsätzlich solltest du auf keinen Fall mehr Geld investieren, als du bereit bist, zu verlieren. Dies ist einer der wichtigsten Ratschläge, der bei jeder Art von Geldanlage zum Tragen kommt.

Ein Depot eröffnen

Hast du dich dazu entschlossen mit ETFs zu handeln, benötigst du als Erstes ein Depot. Dieses kannst du entweder bei einem der verschiedenen Online Broker oder bei einer Bank eröffnen. Ein Online Broker bietet im direkten Vergleich zu einer Bank mehrere Vorteile. Das Depot ist in der Regel kostenlos und zeichnet sich durch bessere Konditionen aus. Online Broker erheben meistens keine Gebühren und auch die Handelskosten sind im Vergleich recht niedrig. Im Rahmen von regelmäßigen Aktionsangeboten kannst du bestimmte ETFs zu einem deutlich günstigeren Preis handeln.

Wenn du dich für einen Broker oder eine Bank entschieden hast, dann kannst du das Depot eröffnen. Zu diesem Zweck musst du zunächst eine Identitätsprüfung durchführen. Dies ist entweder durch das klassische Postident-Verfahren oder auch online via Webcam möglich. Das Depot kann nicht für den Zahlungsverkehr verwendet werden. Es wird mit einem Verrechnungskonto (in der Regel ein Girokonto) verbunden. Die nötigen Geldbeträge für den Kauf von ETFs werden dann automatisch von deinem Girokonto abgebucht. Die so erworbenen ETFs werden sicher in deinem Depot hinterlegt.

Die Auswahl geeigneter ETFs

Nach der Depoteröffnung, musst du einen oder mehrere ETFs auswählen und dich für einen Anlagebetrag entscheiden. Du benötigst in jedem Fall die individuelle Identifikationsnummer des ETFs. Meist ist dies entweder die ISIN oder die WKN. Die entsprechende Nummer findest du in der Regel unter dem Namen der ETFs. Wenn du dir nicht sicher bist, welche ETFs du kaufen sollst, kannst du Factsheets als Informationsquelle nutzen. Auf einem solchen Sheet findest du alle wichtigen Informationen zu einem bestimmten Exchange Traded Funds. Insgesamt bestehen Factsheets aus nur eins bis zwei Seiten. Du erhältst somit in komprimierter Form einen schnellen Überblick über die Funktionsweise des jeweiligen ETF. Die wichtigsten Informationen findest du unter den Schlagwörtern Key Facts, Charakteristika oder Eckdaten. Hier stehen alle wichtigen Eigenschaften, wie zum Beispiel die Währung des Fonds, die Replikationsmethode, die Ausschüttungsmethode und die Kosten. In der Regel werden hier auch die Größe des jeweiligen Fonds und der Inventarwert genannt.

Im Internet stehen dir zahlreiche weitere Informationsquellen zur Verfügung. Von diesen solltest du auf jeden Fall ausgiebig Gebrauch machen. Einen guten Überblick über alle wichtigen Indexfonds findest du auf der Website der Deutschen Börse. Ebenfalls empfehlenswert ist die Homepage des Analysehauses Morningstar. Die verschiedenen Gesellschaften informieren dich auf Ihren Internetseiten natürlich ebenfalls über ihr eigenes Angebot. Besonders empfehlenswert sind die beiden Marktführer Deutsche Bank mit db x-trackers und die Tochtergesellschaft von Blackrock iShares.

EMPFEHLUNGEN FÜR DEN HANDEL MIT ETFS

Der Handel mit ETFs ist zweifelsohne lukrativ, birgt aber auch einige Risiken. Jede Art von Risiko, welches auf den Basisindex einwirkt, wirkt sich auch auf die entsprechenden ETFs aus. Beachten musst du allgemeine Marktrisiken, spezielle Marktrisiken, Kursrisiken und Wechselkursrisiken.

Zu den allgemeinen Marktrisiken zählen alle wirtschaftlichen und politischen Veränderungen, wie zum Beispiel die konjunkturelle Lage, gravierende Änderungen in der Politik oder steuerliche Maßnahmen. Zu den speziellen Marktrisiken zählen Entwicklungen bei den wichtigsten Marktteilnehmern, Gesetzesänderungen oder Änderungen von Rahmenbedingungen. Kommt es zum Beispiel zu einer starken Kursschwankung von einem Aktienindex, so entstehen auch bei den jeweiligen ETFs Kursrisiken.

Wenn du in ETFs investierst, die nicht in der Währung Euro notiert sind, dann musst du zusätzlich ein mögliches Wechselkursrisiko berücksichtigen. Kaufst du beispielsweise einen ETF, der in der Währung US-Dollar notiert ist, dann entsteht durch den US-Dollar ein zusätzliches Kursrisiko. Ist zum Beispiel der Kurs des Dollars beim Verkauf des Exchange Traded Funds niedriger als beim Kauf des ETFs, dann musst du einen Kursverlust in Kauf nehmen.

Im Hinblick auf die anfallenden Kosten solltest du dir gut überlegen, ob du eine Kauforder unter 1.000 Euro tätigst. Bei den meisten Banken und Online Anbietern gibt es Mindestgebühren und diese sind bei kleineren Geldbeträgen verhältnismäßig hoch. Möchtest du lieber weniger Geld investieren, dann ist es für dich günstiger, wenn du dich für einen ETF Sparplan entscheidest.

CHECKLISTE: HILFREICHE TIPPS FÜR DEN HANDEL MIT ETFS

- Achte auf den fairen Wert (Fair Value) von einem ETF: Im Laufe eines Handelstages ist es vollkommen normal, dass der Wert von einem ETF in einem gewissen Umfang (Fair Value Band) abweicht. Zu den wichtigsten Faktoren der Abweichung zählen der Zugriff auf den Basiswert und die Kosten. Lasse dich davon keinesfalls verunsichern.

- Tätige den Handel zur richtigen Zeit: Du solltest ETFs mit unterschiedlich zugrundeliegenden Aktien am besten zu Zeiten kaufen und verkaufen, zu denen ihre Werte auch gehandelt werden. Kaufe ETFs mit USA-Fokus erst nachmittags. Auf Asien ausgerichtete ETFs kaufst du am besten hingegen morgens, während die asiatischen Märkte geöffnet sind. Vermeide es nach Möglichkeit, innerhalb der ersten 15 oder letzten 15 Minuten des jeweiligen Börsentages zu handeln.

- Erlange ein Gefühl für die Auswirkungen deines Handels auf den Markt: Am besten orientierst du dich an den wichtigsten Trades der Vergangenheit. Schaue dir mehrere getätigte Trades an, sowie Ihre Auswirkungen auf die jeweiligen Märkte. Mit der Zeit sammelst du so hilfreiche Erkenntnisse und bekommst ein Gefühl für den Handel mit ETFs.

- Wäge zwischen thesaurierenden und ausschüttenden Exchange Traded Funds ab: Bei den ausschüttenden ETFs werden dir, nach Abzug aller Gebühren, die erwirtschafteten Erträge direkt auf dein Verrechnungskonto überwiesen. Bei den thesaurierenden Fonds werden die gesamten Erträge direkt wieder in die ETFs reinvestiert. Möchtest du sowieso weiter in diesen ETF investieren, dann sollte deine Entscheidung auf die thesaurierenden Angebote fallen. Dadurch sparst du dir die Gebühren, die du bei einem erneuten Kauf bezahlen müsstest.

- Für Einsteiger eignen sich bekannte Aktien-Indizes: Wenn du gerade erst mit dem Handel von ETF begonnen hast und noch wenig Erfahrungen in diesem Bereich sammeln konntest, solltest du dich auf bekannte ETFs fokussieren. Du kannst die Entwicklungen vom DAX oder vom Eurostoxx 50 um einiges leichter verfolgen und auch nachvollziehen als einen Index aus einem fernen Land.

- Meide exotische ETFs: Ist dir der Sicherheitsfaktor wichtiger als eine hohe Rendite, dann meide am besten Leverage- und Short-ETFs. Bei diesen exotischen Produkten bist du im Falle einer Emittentenseite nicht geschützt.

- Für eine langfristige Anlage vorteilhaft: Strebst du eine möglichst breite Streuung an und zählst du zu den langfristigen Anlegern, so eignet sich unter anderem MSCI World. Diese bekannten Indizes enthalten unter anderem die Aktien von vielen bekannten Unternehmen aus den wichtigen Industrienationen. Zusätzlich berücksichtigen die ETFs aber zur gleichen Zeit auch Wertpapiere aus den Schwellenländern.

3

Investieren in Immobilien

Immobilien sind bei sehr vielen Anlegern beliebt. Das „Betongold“ hat über viele Jahre eine sehr gute und hohe Rendite erbracht und bot vor allem eine sehr hohe Sicherheit. Dank der veränderten Zinsen und dem damit einhergehend erhitzten Immobilienmarkt ist es jedoch immer schwieriger geworden, passende Anlageobjekte zu finden. Dennoch lohnt es sich, in Immobilien zu investieren, wenn das eigene Geld langfristig und dauerhaft effektiv angelegt werden soll. Denn Immobilien bieten nicht nur eine gute und stabile Rendite, sondern können auch im Laufe der Zeit an Wert gewinnen, wenn diese in geeigneter Lage liegen. Allerdings kostet eine Investition in Immobilien deutlich mehr Zeit als beispielsweise das Investieren in Aktien und Wertpapiere. Denn als Investor musst du dir um viele Elemente Gedanken machen, viele Faktoren überprüfen und oftmals auch genügend Zeit und Energie mitbringen, um die jeweiligen Objekte vor Ort zu überprüfen und sich ein Bild von der Lage und der Situation vor Ort zu machen. Hinzu kommt, dass Investitionen in Immobilien in der Regel auch Folgekosten produzieren, da Sie als Besitzer der Immobilie für deren Zustand und die notwendigen Reparaturen aufkommen müssen. All dies sollte bedacht werden, ehe du dich für eine Investition in eine oder mehrere Immobilien entschließt. Bedenke außerdem, dass Immobilien-Investitionen sich in der Regel nur langfristig lohnen. Denn erst ab dem Zeitpunkt, ab welchem du die Mieteinnahmen weder für die Finanzierung noch für die Rücklage benötigst, kannst du erste Gewinne erzielen. In der Regel geht man davon aus, dass sich Immobilien erst ab einer Laufzeit von 10 - 15 Jahren wirklich lohnen, außer du kannst die gesamte Investitionssumme aus dem Eigenkapital bestreiten. Dann kann die Zeit auch durchaus kürzer ausfallen. Das solltest du in jedem Fall bei deiner Entscheidung berücksichtigen, da das Geld bei einer solchen Investition erst einmal über einen längeren Zeitraum gebunden wird und in der Regel eine Immobilie nicht sehr schnell liquidierbar ist. Dementsprechend lohnt sich eine solche Investition nur dann, wenn du nicht kurzfristig auf das Geld angewiesen bist, sondern die Geduld hast, die entsprechende Rendite zu erzielen.

VERSCHIEDENE INVESTITIONSMÖGLICHKEITEN PRÜFEN

Die Investitionsbandbreite bei Immobilien ist enorm hoch. Du hast eine sehr große Auswahl an verschiedenen Immobilien in unterschiedlichen Lagen. Wichtig ist, dass du dir zunächst Gedanken darübermachst, in was für eine Immobilie du überhaupt investieren möchtest. Denn es macht einen erheblichen Unterschied, ob du dich beispielsweise für Einfamilienhäuser oder für Mehrfamilienhäuser entscheidest. Nicht nur hinsichtlich des Kaufpreises, sondern auch hinsichtlich der Rendite und der Sicherheit. Hinzu kommt noch der sich erheblich unterscheidende Aufwand für die Verwaltung der Immobilie. Darüber hinaus gibt es auch bei diesen Kategorien nochmals Unterformen und weitere Möglichkeiten, welche du in Betracht ziehen musst. Viele investieren zum Beispiel bei relativ geringem Budget zuerst in kleinere Objekte wie Doppelhaushälften oder Eigentumswohnungen, wobei hier die Rendite oftmals deutlich geringer ausfällt. Wie auch immer du dich entscheidest: Sorge für ausreichend Sicherheit und entscheide dich immer nur auf einer stabilen und nachprüfbaren Datenbasis. Entscheidungen aus dem Bauchgefühl heraus führen bei Immobilien-Investitionen oftmals zu erheblichen Problemen. Nehme dir also die Zeit und liste deine Wünsche und Ansprüche genau auf, um diese Probleme zu umgehen.

Das Einfamilienhaus

Einfamilienhäuser bieten sowohl Vor- als auch Nachteile bei Investitionen. Denn mit einem Einfamilienhaus bist du von der Zahlungsmoral deiner Mieter und von der dauerhaften Vermietung der Immobilie abhängig. Außerdem kommt noch erschwerend hinzu, dass sich nicht allzu viele Familien die Miete für ein komplettes Haus leisten können. Wer sich die Miete leisten kann, ist oftmals eher gewillt selber zu bauen oder sich ebenfalls ein Haus zu kaufen, anstatt die Miete für ein solches Objekt zu bezahlen. Hast du jedoch zuverlässige Mieter in deiner Immobilie, kannst du in der Regel eine sehr gute Rendite erzielen, da sich sowohl die laufenden Kosten als auch die Reparaturkosten in der Regel in Grenzen halten.Weitere Vorteile bei einem Einfamilienhaus sind oftmals die geringeren Investitionskosten, sodass sich solche Immobilien auch als Geldanlage mit geringerem Budget eindeutig eignen. In einer noch abgespeckteren Variante kommen Doppelhaushälften in Frage, welche ebenfalls die oben genannten Vor- und Nachteile mit sich bringen, aber bereits für eine deutlich geringere Investitionssumme erhältlich sind.

Das Mehrfamilienhaus

Das Mehrfamilienhaus ist die wohl häufigste Form der Immobilien-Investition und bietet ebenfalls sowohl Vor- als auch Nachteile für dich als Investor. Ein Mehrfamilienhaus bietet zwar eine höhere Sicherheit aufgrund mehrerer Mietparteien und somit durch mehrere Mietzahlungen, aber der Verwaltungs- und Reparaturaufwand erhöht sich ebenfalls. Zunächst einmal ist ein Mehrfamilienhaus immer eine größere Investition und sollte mit viel Bedacht ausgewählt werden. Denn nur dann, wenn das Haus über eine entsprechend attraktive Lage verfügt und somit die passenden Mieter anzieht, lohnt sich die Investition überhaupt. Du bist zwar nicht darauf angewiesen, dass alle Wohnung dauerhaft vermietet sind, doch solltest du einen Leerstand über einen längeren Zeitraum immer vermieden. Auch sind die laufenden Kosten bei einem Mehrfamilienhaus deutlich höher und du bist als Vermieter viel häufiger gefragt. Du musst Renovierungen und

Modernisierungen vornehmen und bei anstehenden Reparaturen schnell reagieren um deinen Mietern eine komfortable Mietumgebung zu bieten. Das bedeutet auch, dass du nicht unerhebliche Rücklagen bilden musst, um bei Bedarf alle anstehenden Probleme schnell beheben zu können. Ein Wasserschaden im Haus, Schäden an der Heizanlage oder Beschädigungen des Daches sollten immer mit einkalkuliert werden, damit deine Investition keine größeren Probleme verursacht.

Hast du ein Haus gefunden, welches über eine ausreichende Anzahl an Mietwohnungen verfügt, angemessene Mieter hat und in einer guten Umgebung liegt, kannst du mit einem Mehrfamilienhaus enorme Renditen erzielen. Durch die kontinuierlichen Mieteinnahmen lassen sich nicht nur die Finanzierungen für das Haus abdecken, sondern du kannst auch langfristig gesehen hohe Gewinne erwirtschaften.

DIE AUSWAHL DER PASSENDEN IMMOBILIE KOSTET ZEIT UND ENERGIE

Eine ideale Immobile zu finden, ist nicht einfach. Selbst verlockende Immobilien in unmittelbarer Nähe lassen sich oftmals nur mit erheblichem Aufwand überprüfen. Dementsprechend solltest du dir für diese Investition viel Zeit nehmen und bereit sein, auf ein passendes Objekt zu warten. Es ist illusorisch von einer schnellen Investition in diesem Bereich zu träumen, da du nicht nur die Immobilie besichtigen und die vorhandenen Mietverträge überprüfen, sondern auch die Bausubstanz und weitere Faktoren von Fachleuten überprüfen lassen solltest. Darüber hinaus ist es sinnvoll, deutschlandweit nach Immobilien zu suchen und auch für die Auswahl entsprechend Zeit einzuplanen. Denn der Unterschied zwischen einer guten und einer sehr guten Immobilie ist oftmals verschwindend gering, kann sich aber erheblich auf die Höhe deiner Rendite auswirken. Wenn du also überlegst, welche Höhe die Investition einnehmen kann, solltest damit viel Bedacht agieren und dich im Idealfall an einen passenden Partner mit der nötigen Erfahrung wenden. Dies erhöht zwar kurzfristig deine Investitionskosten, kann aber langfristig auch die Höhe deiner

Rendite durchweg positiv beeinflussen. Aber bevor du dich auf die Suche nach einer passenden Immobilie begibst, solltest du die Faktoren kennen, welche eine gute Immobilie auszeichnen.

STANDORT UND LAGE: WICHTIGE PUNKTE FÜR LOHNENDE INVESTITIONEN

Der Standort und die Lage der Immobilie sind wichtig für deren Bewertung und müssen bei jeder Immobilie immer wieder neu und individuell betrachtet werden. Besonders die Lage bestimmt zum größten Teil den Wert einer Immobilie., da eine sehr gepflegte Umgebung in einem ruhigen Wohngebiet ein anderes Miet-Klientel, als ein Wohnblock in einem Außenbezirk oder einem Problemviertel anzieht. Dies zeichnet sich auch in den Immobilienpreisen ab. Wenn du eine Immobilie suchst, die eine sichere Rendite verspricht, solltest du der Lage die höchste Bedeutung beimessen. Im Idealfall ist das Objekt ruhig mit gutem Anschluss an die örtliche Infrastruktur gelegen. Einzelhandel, Ärzte, Supermärkte, Schulen und Kindergärten sollten gut erreichbar sein. Eine direkte und nahe Anbindung an Autobahnen, den öffentlichen Nahverkehr und das Stadtzentrum sind ebenfalls von Vorteil und können den Wert einer Immobilie deutlich steigern. Je familienfreundlicher die Lage der Immobilie, desto größer die Chancen, dass sich Familien für deine Mieteinheiten interessieren und du somit an sichere und qualifizierte Mieter gelangst.Der reine Standort der Immobilie sollte ebenfalls nicht unbeachtet bleiben. Gegenden und Gebiete mit hoher Kaufkraft bieten erfahrungsgemäß eine deutlich höhere Nachfrage nach Wohnraum und folglich auch das Potential für höhere Mieten. Wirtschaftlich schwächere Regionen hingegen sind oftmals von großen Leerständen betroffen, was die Mietpreise deutlich in den Keller treiben kann. Wichtig ist, dass du in jedem Fall soziale Brennpunkte und Problemviertel vermeidest. Hier mögen die Investitionen zwar günstig sein, aber weder die Rendite noch die oftmals notwendigen Sanierungen machen solche Projekte für Privatpersonen attraktiv. Diese Immobilien lohnen sich in der Regel nur für Großinvestoren, welche durch die reine Anzahl an

Immobilien für die notwendige Rendite sorgen.Da du dich nicht in jeder Stadt Deutschlands auskennen kannst, solltest du das Stadtviertel, in welchem das jeweilige Domizil angeboten wird, zumindest durch die gängigen Suchmaschinen jagen und die gefundenen Ergebnisse bewerten. So kannst du zumindest erkennen, ob ein bestimmter Stadtteil als Problemviertel gilt oder eher unauffällig und kaum präsent ist. Ein gutes Beispiel ist der Stadtteil Marxloh in Duisburg. Auch wer die Stadt nicht kennt, weiß in der Regel, dass sich hier ein Problembezirk befindet, welcher bereits seit vielen Jahren Schwierigkeiten bereitet. Informiere dich und bleibe mit deinen Investitionen auf der sicheren Seite.

Diese Faktoren solltest du unbedingt im Blick behalten

Standort und Lage sind also sehr wichtige Faktoren für eine Kauf- und Investitionsentscheidung. Doch das sind bei weitem nicht die einzigen Faktoren, welche du besonders berücksichtigen solltest. Weitere nicht zu unterschätzende Faktoren sind Größe, Schnitt der Mietwohnungen und die Bausubstanz der Immobilie. Alle drei tragen zum Wert der Immobilie und zu deiner Chance bei, die vorhandenen Mietwohnungen mit möglichst wenig Leerstand dauerhaft zu vermieten.Die Größe der Wohnungen spielt vor allem eine Rolle hinsichtlich der Mieter und der Mietstrukturen. Große Wohnflächen sind in der Regel für Familien besonders interessant und werden vor allem in ländlichen und ruhigeren Gebieten stark nachgefragt. Kleinere Wohnflächen hingegen sind eher für Singles oder Paare von Interesse und in den städtischen Ballungsgebieten viel häufiger vertreten. Du solltest die Größe der einzelnen Mieteinheiten also auch in Relation zur Lage und zum Standort setzen, um deine Vermietungschancen abschätzen zu können. Je besser die Größe der Wohnungen zum Standort passt und je besser die Lage die potentiellen Bedürfnisse der Bewohner abdeckt, umso besser stehen deine Chancen, die Mietwohnungen langfristig vermietet zu halten.Ebenfalls von Bedeutung ist der Schnitt der Wohneinheiten. Denn je nach Aufteilung der einzelnen Zimmer, je nach Lage der Fenster und je nach gesamter Lichtsituation in der Wohnung kann diese attraktiver oder unattraktiver sein. Dabei gibt es leider keine festgelegten Kriterien mit denen du arbeiten könntest. Idealerweise solltest du hier also auf dein persönliches Bauchgefühl vertrauen. Wenn dir die Wohnungen zusagen und du dir vorstellen kannst selbst in dieser Wohnung zu wohnen, ist dies meist ein gutes Zeichen. Die Anzahl und die Größe der verschiedenen Räume spielt parallel hierzu natürlich auch eine wichtige Rolle. Große Wohnungen mit vielen Räumen ziehen in der Regel eher Familien an, während eine geringere Anzahl an Räumen mehr für Singles oder Paare geeignet ist.

Wie zuvor erwähnt ist die Bausubstanz ebenfalls ein wichtiger Faktor. Aufgrund der Bedeutung für deine Investitionen und deine Rendite widmen wir uns diesem Punkt in einem späteren Bereich des Kapitels mit ausreichend Raum, um alle elementaren Aspekte abdecken zu können.

Nutze moderne Lösungen für die Überprüfung von Immobilien

Natürlich solltest du Immobilien immer vor Ort in Augenschein nehmen, ehe du dich für eine Investition entscheidest. Doch das Angebot an Immobilien ist immens und du hast nicht immer die Möglichkeit auf Verdacht quer durch Deutschland zu fahren, nur um dir ein oder zwei Immobilien vor Ort anzusehen. Aus diesem Grund ist es hilfreich, dass die moderne Technik dir mittlerweile viele Möglichkeiten bietet, bequem vom eigenen Computer aus einen Überblick zu verschaffen. Google Maps ist eine gute Lösung, wenn es darum geht, verschiedene Immobilien in die engere Auswahl zu nehmen oder diese eventuell von der Liste zu streichen.Denn mit der Maps-Funktion kannst du dir bereits mit wenig Aufwand ein übersichtliches Bild vom Haus machen. Damit kannst du natürlich weder das Aussehen, noch den Zustand der Immobilie bewerten, doch ein erster Überblick über die Lage und die Umgebung ist problemlos möglich. So kannst du nicht nur überprüfen, wie die Straßenlage der Immobilie ist, wie dicht das gesamte Wohngebiet bebaut und wie groß die anliegenden Straßen sind, sondern dich noch über viel mehr Gegebenheiten vor Ort informieren. Mit Google Maps und ähnlichen Tools kannst du beispielsweise auch überprüfen, wie gut die Verkehranbindung zur gewünschten Immobilie ist. Nahe Autobahnzu-

und -abfahrten, öffentliche Verkehrsmittel und Haltestellen lassen sich problemlos einbinden und erkennen. Auch Schulen und Kindergärten im näheren Umfeld lassen sich über diese Tools sehr einfach finden. Ärzte, Einkaufsmöglichkeiten und Parkanlagen oder Spielplätze in unmittelbarer Umgebung sind ebenfalls ein wichtiger Faktor für viele spätere Mieter und sollten gesucht und vorgemerkt werden. Bei interessanten Immobilien kannst du dir entsprechende Notizen machen und Adressen vormerken und diese bei einem anstehenden Besuch vor Ort nochmals persönlich überprüfen. Somit musst du dich nicht vollständig auf die – oftmals nicht mehr aktuellen – Angaben verlassen, kannst aber bereits bequem in deinen eigenen vier Wänden die verschiedenen interessanten Immobilien miteinander vergleichen.

Nutze diese Möglichkeiten auf jeden Fall, wenn du dich bei den Immobilien nicht nur auf Gebäude in deiner direkten Nähe beschränken möchtest. Denn es ist durchaus sinnvoll und zielführend, bei Immobilien-Investitionen örtlich flexibel zu agieren und boomende und wachsende Städte sowie Randgebiete in Betracht zu ziehen.

DIE BAUSUBSTANZ: KERNELEMENT FÜR DIE BEWERTUNG EINER IMMOBILIE

Wenn du eine Immobilie in die nähere Auswahl genommen hast und auch Standort und Lage optimal erscheinen, musst du das Gebäude selbst näher in Augenschein nehmen. Denn die Qualität der Immobilie hat eine zentrale Bedeutung für deine Investition und für die Höhe der zu erwartenden Rendite. Dabei solltest du dich nicht allein auf deine Erfahrung und dein Fachwissen beschränken, sondern dir eine fachlich qualifizierte Hilfe suchen. Ein Bausachverständiger sollte bei einem Besichtigungstermin stets an deiner Seite sein. Nicht nur aufgrund seiner Erfahrung und Ausbildung, sondern auch, weil vier Augen eindeutig mehr sehen als zwei. Lass dich bei der Begutachtung der Bausubstanz nicht drängen oder unter Druck setzen. Nehm dir so viel Zeit wie nötig und begutachte alle Bereiche der Immobilie. Ein Bausachverständiger bietet hierbei noch weitere Vorteile, weil dieser in den meisten Fällen die gängigsten Tricks kennt, mit denen Baumängel versteckt oder verdeckt werden sollen. Darüber hinaus kann man mit der schriftlichen Aussage eines Bausachverständigen auch bei Preisverhandlungen sehr gut und nachdrücklich argumentieren und somit gegebenenfalls den Kaufpreis nochmals drücken. Hierbei geht es schließlich um dein Geld und deine Investitionen, sodass es durchaus sinnvoll ist, jede Möglichkeit zu nutzen.

Je nach Alter des Gebäudes treten verschiedene Schäden auf

Wenn du eine Immobilie näher in Augenschein nehmen und diese vor Ort überprüfen möchtest, solltest du verschiedene Dinge nicht außer Acht lassen. Nicht nur die vorhandene Bausubstanz ist wichtig, sondern auch das Alter des Gebäudes. Mit zunehmendem Alter einer Immobilie steigen in der Regel auch die Instandhaltungskosten, welche du in jedem Fall in deine Kalkulation berücksichtigen solltest. Hinzu kommt, dass du bei der Besichtigung der Immobilie bereits beim Besitzer nachfragen solltest, welche Schäden schon aufgetreten sind und welche behoben wurden. So kannst du dir ein realistisches Bild von der Immobilie machen und dir dementsprechend bei der Kalkulation der zu erwartenden Kosten vieles vereinfachen.

Je nach Alter der Immobilie treten über kurze oder lang Zeiträume die unterschiedlichsten Schäden recht regelmäßig auf. Selbstverständlich kannst du Glück mit deiner Immobilie haben, aber verlassen solltest du dich darauf in keinem Fall: Hier die am häufigsten auftretenden Mängel an der Bausubstanz und die notwendigen Sanierungen und Instandsetzungen:Bei Immobilien bis zu einem Alter von 10 Jahren treten folgende Mängel häufig auf:

- Feuchtigkeitsschäden
- Schimmel in den Wohnbereichen
- Putz-Abplatzungen
- Risse im Mauerwerk

Bei Immobilien bis zu einem Alter von 20 Jahren treten folgende Mängel häufig auf:

- Abnutzungserscheinungen Außenanstrich von Fassaden, Fenstern und Türen
- Abnutzungserscheinungen im Treppenhaus, bei Fenstern, Geländern und Türen
- Bodenbeläge aus Textilien müssen erneuert werden

Bei Immobilien bis zu einem Alter von 30 Jahren treten häufig folgende Mängel auf:

- Sanitäre Einrichtungen müssen erneuert werden
- Heizkessel und Heiztherme müssen erneuert werden
- Balkone müssen saniert werden
- Kunststoffbeläge in Innenräumen sind zu ersetzen
- Dachrinnen und Fallrohre müssen erneuert oder repariert werden

Bei Immobilien bis zu einem Alter von 40 Jahren treten folgende Mängel häufig auf:

- Fliesen und Platten-Bodenbeläge müssen erneuert werden
- Das Dach muss neu eingedeckt werden
- Die Verrohrung der Heizanlage und Heizungen müssen erneuert werden
- Die gesamte Elektroinstallation sollte erneuert werden
- Fenster, Außentüren und das Treppenhaus müssen erneuert oder renoviert werden
- Der Zustand von Zuwegen, Zufahrten und Garagen muss verbessert werde

Du siehst, dass sich je nach Alter der Immobilie einige Veränderungen im Laufe der Zeit zeigen, welche mit hohen Folgekosten verbunden sind. Dies solltest du bei deiner Entscheidung in jedem Fall bedenken, da sich all diese Instandsetzungsmaßnahmen deutlich auf die Höhe deiner Rendite auswirken können. Deshalb ist es wichtig, bei der Besichtigung der Immobilie einen Bausachverständigen mitzunehmen, welcher dir bei der Bewertung der aktuellen Lage hilft. In Kombination mit dem Wissen um bereits durchgeführte Sanierungsmaßnahmen erhälst du eine weitere sehr gute und umfassende Entscheidungsgrundlage.

Nicht alle Schäden müssen von Investitionen abhalten

Grundsätzlich ist es deutlich effektiver, eine neuartige Immobilie zu erwerben, um sich eine Zeit lang Ruhe zu verschaffen und keinerlei Investitionen tätigen zu müssen. Doch Schäden müssen dich nicht immer und unbedingt von der Investition abhalten. Wenn du die Immobilie mit einem entsprechenden Gutachter in Augenschein genommen hast, bekommst du einen direkten Überblick über vorhandene und wohl in näherer Zukunft auftretende Schäden. Informiere dich bei den entsprechenden Fachbetrieben vor Ort, was die Behebung der entsprechenden Schäden für Kosten aufwerfen würde. Denn dokumentierte Schäden können den Kaufpreis der Immobilie spürbar senken und somit deine Investition vergünstigen. Wenn der Kaufpreis nämlich so weit absinkt, dass du die Reparaturen und Instandsetzungen damit problemlos bestreiten könntest und diese Arbeiten den Wert der Immobilie nachhaltig steigern, kann sich eine solche Investition durchaus für dich rentieren. Wichtig ist, dass sich der Wert und die Qualität des Gebäudes durch die Instandsetzungen langfristig verändern und dieses für Mieter wieder deutlich attraktiver wird. Diese Berechnungen solltest du zunächst bei allen Arbeiten an der Immobilie in den Vordergrund stellen. Eine beschaulichere Fassade und ein neu renoviertes Treppenhaus sind schön anzusehen, aber durchaus teuer. Wenn sich hierdurch jedoch das Niveau der Immobilie verbessert und du bei Leerstand die Wohnungen schneller und mit einer höheren Miete vermietet bekommst, kann sich eine solche Investition durchaus lohnen. Auch hier gilt: Arbeite immer mit festen Berechnungen und harten Daten und Fakten und versuche dich in dem Fall nicht nur auf das eigene Bauchgefühl zu verlassen. Investitionen in Immobilien sollten immer mit kühlem Kopf und mit einer guten Kalkulation im Hintergrund vorgenommen werden. Somit gehst du keine Risiken ein, sondern kannst alle Arbeiten und alle Investitionen anhand von Fakten begründen.

DIE MIETER: GRUNDLAGE DEINER RENDITE

Um mit einer Immobilie überhaupt eine Rendite zu erzielen, musst du diese natürlich vermieten. Dementsprechend ist es besonders wichtig, sich über die Mieter und die Miete bei jeder Immobilie umfassend zu informieren. Bei der Bewertung einer Immobilie ist es beispielsweise auch von Bedeutung, ob die Wohneinheiten aktuell bereits vermietet sind oder ob Leerstand im Haus herrscht. Bei Leerstand solltest du erst einmal aufmerksam werden, denn dieser sollte sich logisch begründen lassen. Wurde die Immobilie zum Beispiel gerade erst umfassend saniert und verbessert und sind die Wohnungen aus diesem Grund noch nicht vermietet, gibt es selten Probleme. Ist eine Wohnung erst seit kurzer Zeit vom Leerstand betroffen und es gibt bereits Mieterbewerbungen um die Wohnung, kannst du in der Regel ebenfalls beruhigt sein. Doch ein langfristiger Leerstand kann als Warnsignal dienen, dass es entweder versteckte Probleme in der Immobilie gibt oder du dich bei der Einschätzung von Standort und Lage verkalkuliert hast. Je umfassender du dich über die Immobilie, die Mieter und die Mietvergangenheit informierst, umso mehr Grundlagen hast du für die Bewertung jeder Immobilie. Selbstverständlich kannst du diese Anfragen nicht bei allen Immobilien durchführen. Aus diesem Grund solltest du die Immobilien nach den oben genannten Kriterien nach und nach aussortieren. Nur für Gebäude, welche in die engere Auswahl kommen, lohnt sich ein umfassender Fakten- und Mietercheck.

Bestehende Mietverträge prüfen

Sind bereits Mieter vorhanden, solltest du zunächst deren Mietverträge prüfen. Denn hier können nicht nur viele Fallstricke lauern, sondern sich auch echte Probleme ergeben. So sind vor allem in älteren Mietverträgen oftmals unwirksame Klauseln zu Schönheitsreparaturen vorhanden, welche dir im schlimmsten Fall hohe Kosten verursachen können. Auch die Höhe der Miete und der Mietkaution sind im Mietvertrag festgelegt und dienen dir als Berechnungsgrundlage.

Nach § 558 BGB darfst du als Vermieter nach dem Kauf einer

Immobilie unter bestimmten Voraussetzungen die Miete erhöhen und natürlich auch deine Rendite verbessern. Dabei gilt die ortsübliche Vergleichsmiete als Grundlage, welche du bei der Erhöhung nicht überschreiten darfst. Hinzu kommt, dass es in den vergangenen 12 Monaten keine Mieterhöhung gegeben haben darf. Des Weiteren bist du dazu verpflichtet, dass die Miete innerhalb von drei Jahren nur um maximal 20 Prozent angehoben werden darf. Wenn du allerdings eindeutige und wertsteigernde Investitionen und Modernisierungen am Mietobjekt vornimmst, darfst du jedoch einige dieser Vorgaben aushebeln. Hier solltest du dich mit einem Anwalt, der sich auf das Mietrecht spezialisiert hat, beraten. Dieser kann dir bei deinem weiteren Vorgehen behilflich sein.

Sammle so viele Informationen wie möglich

Je mehr Informationen dir zur Verfügung stehen, desto besser für dich. Denn es gibt einige Herausforderungen, welche nur wenigen Immobilienkäufern bewusst sind. Frage am besten den aktuellen Besitzer der Immobilie oder den zuständigen Verwalter, wie es mit der Zahlungsmoral der Mieter aussieht und ob es bereits Mahnungen an die Mieter gab. Hier kannst du oftmals bereits frühzeitig potenzielle Problemfälle entdecken und sich entsprechend wappnen. Hinzu kommt, dass du den Mietvertrag nicht einseitig ändern darfst. Dies ist nur mit Einwilligung des Mieters möglich. Doch nicht nur die Fakten im Vertrag haben eine dauerhafte Gültigkeit, auch die Handlungen des bisherigen Vermieters spielen eine wichtige Rolle. Durfte eine Mietpartei beispielsweise auf mündliche Zusage des Vermieters über Jahre alleinig den Garten nutzen, kannst du dies dem Mieter nicht so einfach verbieten. Denn Gerichte sprechen in solchen Situationen von einer „stillschweigenden Vertragsänderung“, an welche du ebenfalls fest gebunden bist. Ähnlich verhält es sich bei einer stillschweigend geduldeten Mietminderung eines Mieters. Hat der alte Vermieter nicht darauf reagiert, kannst du die Rechtmäßigkeit der Mietminderung nicht mehr rückwirkend bestreiten.

Du siehst also, wie wichtig es ist, eine Vielzahl von Möglichkeiten und Problemen frühzeitig anzusprechen und abzuklären. Je mehr Informationen du besitzt und je besser du über die aktuelle Situation innerhalb der Immobilie informiert bist, desto effektiver und reibungsloser kann der Besitzerwechsel vonstattengehen. Dies ist vor allem auch für deine Mieter erfreulich, welche bereits frühzeitig über einen Verkauf der Immobilie und die veränderten Zahlungsbedingungen der Miete informiert werden sollten.

DIE FINANZIERUNG DEINER IMMOBILIE

Nicht immer ist es sinnvoll und machbar eine Immobilie vollständig aus Eigenmitteln zu finanzieren. Insbesondere bei Mehrfamilienhäusern, welche als Geldanlage verwendet werden sollen, kann eine Finanzierung durch eine Bank durchaus sinnvoll sein und die Belastung des eigenen Budgets vereinfachen. Hinzu kommt, dass du durch eine gezielte Finanzierung natürlich auch bereits frühzeitig mit der Investition in Immobilien beginnen kannst, ohne dir hierfür lange ein großes Vermögen ansparen zu müssen. Allerdings solltest du vor einer Finanzierung, neben einer umfassenden Kostenkalkulation, auch eine komplexe Risikoanalyse durchführen. Dies hilft nicht nur den Banken und Kreditinstituten bei der Entscheidungsfindung, sondern kann auch dir helfen gezielt nach Schwachstellen in deiner Planung zu suchen und diese nach Möglichkeit zu eliminieren. Je sachlicher du hierbei vorgehst und je gründlicher und umfassender deine Vorarbeiten sind, umso erfolgreicher und sicherer kannst du deine Investitionen tätigen. Da es hierbei um durchaus hohe Summen und lange Anlagezeiten geht, solltest du dir die benötigte Zeit für die Entscheidung nehmen.

Die Grundlage: Eine umfassende Risikoanalyse

Eine Immobilien-Investition ist immer mit Risiken verbunden. Denn unvorhergesehene Reparaturen und Instandsetzungsmaßnahmen, Mietausfälle oder ähnliche Probleme lassen sich selbst mit der besten Vorbereitung nicht immer vermeiden. Dazu kommt, dass du die Mietpreisentwicklung einer Gegend nur sehr schwer abschätzen kannst. Selbst Profis sind hier manchmal vollkommen überfordert, da sich zu viele Faktoren verändern können. Demzufolge ist es wichtig, dass du diese Risiken nicht unter den Tisch kehrst, sondern dir durchaus auch einmal das Worst-Case-Szenario vor Augen führst. Dies gilt vor allem dann, wenn du deine Immobilie zu einem großen Anteil fremdfinanzieren lassen möchtest. Denn Zinsen und Tilgung müssen von dir auch dann bedient werden können, wenn aufgrund eines Mietausfalls keine Mieten mehr ankommen. Nur durch solche Sicherheiten und die entsprechenden finanziellen Rücklagen für Sanierungen und Instandhaltungen kannst du eine Finanzierung einer Immobilie effektiv und vor allem sicher wagen. Je detaillierter du dich mit den verschiedenen Möglichkeiten und Szenarien auseinandersetzt, umso professioneller kannst du bei einem Finanzierungsgespräch agieren und argumentieren. Je mehr Risikofaktoren du einrechnest und je effektiver du diese zu begegnen wissen, desto leichter kannst du an eine gewünschte Fremdfinanzierung gelangen und desto besser können die Konditionen verhandelt werden.

Mache eine umfassende Kostenkalkulation

Wie bereits zuvor erwähnt ist eine umfangreiche und umfassende Kalkulation aller Kosten der Immobilie wichtig. Denn der Kaufpreis alleine sagt noch nicht viel über die jeweiligen Kosten aus. Selbst ohne Maklergebühren musst du mit Kaufnebenkosten von bis zu 10 Prozent des Kaufpreises rechnen. Notarkosten, Grundbuchkosten und die Grunderwerbsteuer sollten in jedem Fall mit einberechnet werden. Bei einem Immobilien-Kaufpreis von 150.000 Euro können diese Kosten die Immobilie also annähernd um 15.000 Euro verteuern. Ferner kommen noch Kosten für die Finanzierung dazu, sofern du die Immobilie in Teilen fremdfinanzieren möchtest. Auch diese Zinskosten solltest du immer mit einberechnen, um eine intensive Kostenkalkulation zu erstellen. Ebenso sind die Reparatur- und Instandhaltungskosten, welche ebenfalls mit einberechnet werden sollten, ein wichtiger Punkt. Nur so bekommst du den durchschnittlichen Kostenwert einer Immobilie, mit welcher du die Effizienz und den Ertrag für dich berechnen kannst.Ob eine Immobilie teuer oder günstig ist, spielt ebenfalls eine Rolle. Diesen Faktor kannst du mit dem sogenannten Mietpreismultiplikator errechnen. Nimm dir hierfür den Kaufpreis mit allen eingerechneten Kaufnebenkosten und teile diese Summe durch die Jahresnettokaltmiete. Das Ergebnis entspricht dem Mietpreismultiplikator deiner Immobilie. Bleiben wir bei dem oben genannten Beispiel. Bei einer Immobilie im Wert von 150.000 Euro und bei einer Jahresnettomiete von 7.500 Euro würde der Mietpreismultiplikator den Wert 20 betragen. Rechnest du nun jedoch noch alle Kaufnebenkosten ein, steigt der Multiplikator an. Dieser Faktor gibt dir an, wie viele Jahre du benötigst, bis du, alleine durch die Mieteinnahmen, die Summe deiner Investitionen wieder eingenommen hast und ab welchem Zeitpunkt du Gewinn mit deiner Investition erwirtschaften kannst. In vielen teuren Gegenden und Städten liegt der Mietpreismultiplikator mittlerweile bei 25-35, während in vielen günstigen Gegenden der Faktor noch bei 15 oder weniger liegt. Was du auch bedenken solltest, ist, dass du zu deinem Ertrag nicht nur die monatlichen Mieteinnahmen, sondern auch den kalkulierten Wiederverkaufswert der Immobilie einrechnen musst. Denn diese stellt bereits an sich eine Wertanlage dar, welche sich immer noch mit einem Gewinn veräußern lässt.Mit einer solchermaßen umfassenden Kostenkalkulation kannst du problemlos auch mehrere Immobilien miteinander vergleichen und somit die Immobilie auswählen, welche dir den höchsten Ertrag bei geringstem Risiko verspricht. Dies ist eine gute Absicherung für deine Investition. Es kann sich darüber hinaus durchaus lohnen eine solche Kostenkalkulation regelmäßig für deine Immobilie zu erstellen, um auch im weiteren Verlauf deren Profitabilität zu gewährleisten. Denn auch als Vermieter kannst du mit verschiedenen Stellhebeln die Rendite deiner Immobilie verbessern und diese für den Markt noch attraktiver gestalten. Regelmäßige Investitionen in die eigene Immobilie müssen sich natürlich für dich rechnen, daher ist eine solche Kostenkalkulation auch im Vermieter-Alltag von entscheidender Bedeutung.

Finanzierung aus Eigenmitteln

Wer sich in der glücklichen Situation befindet einen Immobilienkauf nur mit Eigenmitteln tätigen zu können, der kann dies uneingeschränkt tun. Allerdings solltest du dabei immer bedenken, dass du für ausreichende Rücklagen sorgst und einen Teil der Mieteinnahmen als Rückstellung beiseitelegst. Denn es kann immer zu unvorhergesehenen und teuren Reparaturen kommen, welche du als Besitzer der Immobilie aus Eigenmitteln bestreiten musst. Gehen wir von einer Störung der Heizanlage im Winter aus, welche komplett ausgetauscht werden muss. Deine Mieter können bei einem solchen Vorfall die Miete drastisch mindern, sofern du nicht in der Lage bist, dieses Problem zu beheben. Das würde bedeuten, dass die monatlichen Zahlungen an dich deutlich reduziert werden oder im schlimmsten Fall ausbleiben. Wenn du eine Reparatur beziehungsweise einen Austausch sofort durchführen lässt, musst du also in Vorleistung gehen und das Geld direkt bereitstellen können. Bei einem entsprechend großen Mietobjekt kann eine solche Heizungsanlage gerne zwischen 10.000 und 20.000 Euro verschlingen. Gehen wir nochmals vom letzten Beispiel aus. Bei einer Jahreskaltmiete von 7.500 Euro dauert es im ungünstigsten Fall zwei bis drei Jahre, bis du diese Reparaturen nur aus den Mietzahlungen bezahlen kannst.Auch wenn das Haus in einem absolut guten Zustand ist und du bei der Bewertung der Immobilie alle Register gezogen und alle Sachverständigen mit hinzugezogen hast, können solche Problematiken auftreten. Rechne bereits im ersten Jahr mit Problemen und kalkuliere die Finanzen entsprechend. Somit bist du auf der sicheren Seite und kannst von der Rendite deiner Anlage-Immobilie dauerhaft profitieren.

Finanzierung mit Fremdmitteln

Die meisten Immobilien werden mit Fremdkapital finanziert. Wichtig sind hierbei folgende Faktoren. Zum einen gehen die meisten Banken davon aus, dass du über ausreichend Kapital verfügen musst, um mindestens die Kaufnebenkosten komplett aus eigener Tasche zu finanzieren. Zum anderen musst du ebenfalls an die Rücklagen für eventuelle Reparaturen denken. Denn auch diese müssen vorhanden sein, damit du keine Probleme mit der Finanzierung bekommst. Denke auch darüber nach, dass du Zinsen und Tilgung regelmäßig zahlen musst. Fallen Mietzahlungen zum Beispiel aufgrund von Leerstand oder der Zahlungsunfähigkeit der Mieter aus, musst du trotzdem noch in der Lage sein, die vereinbarten Raten problemlos zu bezahlen. Nur wenn dies gegeben ist, werden sich Banken und Kreditinstitute auf eine Immobilienfinanzierung einlassen. Je mehr Zeit und Energie du also in die Risiko- und Kostenanalyse investierst und je besser du die Situation der Immobilie durch den Gutachter belegen kannst, umso eher kannst du damit rechnen eine Fremdfinanzierung zu erhalten.

Nutze auch hier die Möglichkeit, verschiedene Angebote miteinander zu vergleichen. Denn die Zinsen sind oftmals unterschiedlich. Bei einer großen Investition können selbst Abweichungen um wenige 0,1 Prozentpunkte bei den Zinsen deutliche Unterschiede ausmachen und dir zu einer besseren und effektiveren Rendite verhelfen.Außerdem kannst du mit steigender Inflation von dieser sogar nochmals deutlich profitieren. Denn je höher die Inflation ansteigt, desto mehr verliert dein Darlehen im Verlauf an Wert, somit wird also deine Verbindlichkeit proportional geringer. Durch eine gute und gezielte Zinsbindung kannst du darüber hinaus noch profitieren, falls die aktuell niedrigen Zinsen in Zukunft deutlich ansteigen sollten.

Das Crowdinvesting als Option für vorsichtige Investoren

Nicht immer sind die Eigenmittel ausreichend, um eine komplette Investition in eine Immobilie zu rechtfertigen. Wenn du zwar die hohe Rendite schätzt, aber dein Geld nicht dauerhaft und fest anlegen möchtest, kann es sich durchaus lohnen das sogenannte Crowdinvesting in Betracht zu ziehen. Über eine Plattform schließen sich mehrere Anleger zusammen, um gemeinsam eine Immobilie zu erwerben. Dank der oftmals großen Zahl an Anlegern können somit auch kleine Summen in Immobilien investiert werden. Da die gesamte Verwaltung der Immobilie sowie alle weiteren Aufgaben über die Plattform erledigt werden, hast du praktisch keinen Aufwand zu betreiben. Natürlich hat ein solches System auch Nachteile. So erhältst du allerdings nur einen Bruchteil der Rendite als die, die du mit einer eigenen Immobilie erzielen kannst. Auf der anderen Seite gehst du jedoch auch ein deutlich geringeres Risiko ein, wenn du dich über eine solche Plattform an Anlageinvestments beteiligst. Durch die relativ geringen Laufzeiten und die vorhandenen Handelsoptionen hast du die Möglichkeit, dein Kapital flexibel anzulegen und in mehrere Anlageobjekte zu investieren. Das Crowdinvesting ist somit eine flexible und risikoarme Investitionsmöglichkeit für diejenigen Personen, welche sich von den Nachteilen des eigenen Immobilienkaufs befreien möchten, dabei aber immer noch die sichere Anlageform der Immobilienbranche zu schätzen wissen.

Erwarte allerdings bei dieser Variante keine Wunder. Denn die dermaßen beschnittenen Renditemöglichkeiten liegen zwar immer noch deutlich oberhalb der erreichbaren Sparzinsen, können aber mit vielen anderen Anlageformen nur in Teilen mithalten. Wenn du hohe Renditen erzielen möchtest und auch ein wenig Risiko nicht scheust, ist eine Investition in eine eigene Immobilie immer die bessere und vor allem effektivere Wahl.

DEINE RENDITE: WAS DARFST DU VON DEINER INVESTITION ERWARTEN

Wenn du eine Immobilie als Geldanlage und Wertanlage nutzen möchtest, dann willst du natürlich auch eine möglichst hohe und stabile Rendite erzielen. Im Durchschnitt geht man davon aus, dass sich die Rendite bei Immobilien immer zwischen vier und sechs Prozent einpendelt. Ausschläge nach oben und nach unten kann es natürlich immer geben. Wenn du eine Immobilie in einer günstigen Lage kaufst und sich das Umfeld innerhalb der nächsten Jahre durch die Urbanisierung verbessert, kannst du durchaus mit einer deutlich höheren Rendite rechnen.Natürlich nützen solche pauschalen Aussagen nicht viel, sondern können nur als Anhaltspunkt gelten. Viel wichtiger ist die real zu erwartende Rendite bei deiner Immobilie.

So berechnest du die Mietrendite

Grundsätzlich unterscheidet man zwischen der Bruttomietrendite und der Nettomietrendite. Die erste Variante lässt sich leichter ausrechnen und ist somit schneller und einfacher verfügbar, während die Nettomietrendite dir deutlich genauere Details liefert und dir somit ein konkreteres Ergebnis bietet. Diese Berechnungen solltest du bei jeder für dich interessanten Immobilie durchführen, damit du schnell ein Gefühl für die Höhe der möglichen Rendite bekommst und so für dich selber einschätzen kannst, ob sich eine Investition in diese spezielle Immobilie lohnt. Für schnelle Berechnungen und erste Einschätzungen genügt in der Regel die Bruttomietrendite. Wenn du jedoch mehrere Immobilien in der engeren Auswahl hast und diese miteinander effektiv vergleichen möchtest, solltest du dir die Mühe machen und jeweils die Nettomietrendite errechnen, um auf einer exakteren Datenbasis Entscheidungen treffen zu können.

Die Bruttomietrendite berechnen

Als Grundlage der Berechnung wird die Nettokaltmiete herangezogen. Dementsprechend solltest du die Nettokaltmiete pro Jahr für deine Immobilie berechnen. Als nächstes musst du den Kaufpreis der Immobilie durch die Jahresnettokaltmiete teilen. Dieser Faktor ist für die Rendite entscheidend. Wenn du zum Beispiel eine Immobilie im Wert einer fünfzehnfachen Jahresnettokaltmiete kaufst, beträgt die Bruttomietrendite 6,6 Prozent. Hierfür teilst du einfach die Zahl 100 durch den Faktor 15, um das Ergebnis zu erhalten. Dies ist die einfachste Variante der Renditeberechnung, welche allerdings viele Faktoren außer Acht lässt. Aus diesem Grund ist es zielführender, die Nettomietrendite zu berechnen.

Die Nettomietrendite berechnen

Die Nettomietrendite berechnet deine zu erwartende Rendite mit deutlich mehr Genauigkeit. Hierzu musst du also auch mehrere Elemente in die Berechnung mit einfließen lassen. Zunächst einmal musst du die Kaufnebenkosten auf den Preis der Immobilie aufschlagen. Diese variieren von Bundesland zu Bundesland, liegen aber ohne Makler in etwa zwischen 5 und 6 Prozent des Kaufpreises. Mit Makler steigen diese Kaufnebenkosten oft auf bis zu 13,64 Prozent an. Die Summe aus Kaufnebenkosten und dem Kaufbetrag entsprechen deinen Investitionskosten.Zur weiteren Berechnung wird wieder die Jahresnettokaltmiete herangezogen. Von dieser werden nun alle laufenden und auch die einmaligen Nebenkosten abgezogen, welche du als Eigentümer nicht auf die Mieter umlegen kannst. Das sind jährlich etwa 200 - 300 Euro für die Hausverwaltung. Für die Instandhaltung der Immobilie solltest du pro Jahr und Quadratmeter eine Summe zwischen 10 und 18 Euro veranschlagen. Nach allen Abzügen erhältst du deinen Jahresreinertrag. Teilst du den Jahresreinertrag durch die Investitionskosten und multiplizierst das Ergebnis mit dem Faktor 100, erhältst du dann deine Nettomietrendite, mit welcher du weiterarbeiten kannst. Dieses Verfahren klingt zwar aufwändig, ist aber äußerst genau und hilft dir, die möglichen Kosten und die damit einhergehende Rendite exakter zu berechnen.

4

Anlagestrategien mit Kryptowährungen

Bei Kryptowährungen handelt es sich um ein digitales Zahlungsmittel. Sie werden unter anderem auch als Kryptogeld oder digitales Geld bezeichnet. Mit den Mitteln einer Kryptowährung wird ausschließlich über das Internet bezahlt. Dabei kommen Computer sowie Smartphones und andere mobile Endgeräte zum Einsatz. Anders als bei Währungen wie dem Euro, dem Yen oder dem US-Dollar beteiligen sich weder Zentralbanken noch Regierungen an der Organisation und Bereitstellung dieser Zahlungsmittel. Es handelt sich stattdessen um dezentral organisierte Währungen. Die Wertschöpfung wird durch Privatpersonen und Unternehmen vollzogen.

ALLGEMEINE INFORMATIONEN ZU KRYPTOWÄHRUNGEN

Der Wortteil „Krypto“ weist bereits darauf hin, dass die Kryptographie eine bedeutende Rolle bei digitalen Zahlungsmitteln spielt. Eine wesentliche Eigenschaft von Kryptowährungen ist in der Tat der Einsatz von Verschlüsselungstechnologien. Die Verschlüsselung sorgt unter anderem dafür, dass die Geldeinheiten nicht gefälscht werden können. Dies ist eine Grundvoraussetzung dafür, dass Kryptowährungen in der Praxis als Zahlungsmittel funktionieren. Dennoch besteht wie bei Münzen und Scheinen gewöhnlicher Währungen das Risiko, dass sie gestohlen werden. Daher sind Kryptowährungen In vielen Staaten nicht als offizielles gesetzliches Zahlungsmittel anerkannt. Doch immer mehr Unternehmen akzeptieren die Bezahlung mit dem digitalen Geld.

Die erste Kryptowährung entstand im Jahr 2009 mit dem Bitcoin, dessen Wert im Laufe der letzten Jahre explodierte und vielen Anlegern dadurch die Brieftaschen füllte. Seine Bedeutung als Pionierwährung ist so groß, dass sich dieses Kapitel umfassend mit seinen spezifischen Eigenarten befassen wird. Es folgten in der Hoffnung an einen ähnlichen Durchbruch seither mehrere tausend Kryptowährungen, von denen aber noch keine an den Erfolg der Pionierwährung anknüpfen konnte.

Digitale Zahlungsmittel spielen in der Finanzwelt eine immer größere Rolle. Experten vermuten, dass sie eines Tages ähnlich wichtig wie anerkannte Währungen sein könnten. Vor allem, weil das etablierte Finanzsystem zunehmend Risse erleidet. Weil das Thema so interessant, zukunftsweisend und profitabel ist, ist es wenig verwunderlich, dass immer neue Währungen entstehen. Die Ausmaße werden dabei immer skurriler. Im Sommer 2017 führte der russische Ableger der Fastfoodkette Burger King mit dem „Whoppercoin" ein eigenes Modell ein, das jedoch viel mehr ein ungesundes Kundenbindungsprogramm als eine Anlageoption ist. Denn nur wer den Burger „Whopper" kauft, bekommt auch Whoppercoins.

DIE GESCHICHTE DER KRYPTOWÄHRUNGEN

Die Geschichte der Kryptowährungen ist bisher noch relativ kurz. Begonnen hat alles bereits in den frühen 90ger Jahren des letzten Jahrhunderts. Schon zu dieser Zeit machten sich einige Leute tiefergehende Gedanken zur zunehmend schwindenden Anonymität und Privatsphäre der Gesellschaft. Die Sorge galt vor allem den immer deutlicher zu Tage tretenden Überwachungsmöglichkeiten des Staates und der zunehmenden Macht der Konzerne. Als besonderer Risikofaktor galt das noch junge kommerzielle Internet. Es brachte zwar unzählige Vorteile, aber auch ebenso viele Nachteile mit sich. Deren Auswüchse ließen sich aber noch gar nicht abschätzen. Einen realistischen Ansatz für mehr digitale Sicherheit erkannten einzelne IT- und Mathematikexperten im Bereich der Kryptographie unter anderem in den Bereichen Kommunikation und Datenerhaltung. Doch in dieser Phase dachte noch niemand an digitales Geld oder gar an eine verschlüsselte Währung.

Die Verschlüsselung

Die Verschlüsselung oder Chiffrierung ist - anders als Kryptowährungen - ein sehr altes Phänomen. Kryptographie gab es schon einige Jahrtausende vor Beginn unserer christlichen Zeitrechnung. Die älteste bekannte Chiffrierung entdeckten Forscher in der Kultur der alten Ägypter. Die Namen einiger altägyptischer Gottheiten durften nicht genannt oder geschrieben werden. Für die alten Ägypter, denen ihre Götter alles bedeuteten, war das ein Problem. Somit setzten die Schreiber chiffrierte Bezeichnungen in die Schriften ein. Spätere Hochkulturen wie die Mesopotamier, Griechen und Römer entwickelten zunehmend komplexere Verschlüsslungstechniken. Bis heute wurden sie von Indern, Arabern, Europäern und Amerikanern weiter verfeinert. Die Verschlüsselungstechniken haben inzwischen einen so hohen Standard erreicht, dass die chiffrierten Daten ohne passenden Schlüssel nahezu unmöglich ausgelesen werden können.

Die Cypherpunks

Komplexe Verschlüsselungstechniken sind bereits in den 90er Jahren für Cypherpunks, einer Gruppe, die eine hohe Affinität zu Technik und Datenschutz aufweist, interessant gewesen. Sie erschufen diverse Verschlüsselungsprogramme und statteten Nachrichtensysteme, darunter E-Mail-Programme, mit Verschlüsselungstechniken aus. Ihnen ist es auch zu verdanken, dass sich die Internet-User heute relativ anonym im World Wide Web bewegen können. Im Jahr 1998 kam bei den Cypherpunks, die sich hauptsächlich über Mailinglisten austauschten, zum ersten Mal das Thema der digitalen Währungen auf. Aufgrund der Finanzkrise im Jahr 2008 sollte die zuvor theoretische Idee des Krytogeldes nun in die Praxis umgesetzt werden.

Hauptverantwortlicher für die Umsetzung war ein gewisser Satoshi Nakamato, ein Name, zu dem es kein Gesicht gibt. Bis heute kann nur gemutmaßt werden, wer sich hinter der Bezeichnung verbirgt. Spekulationen zur Folge handelt es sich bei Satoshi Nakamato auch um eine Gruppe von Personen. Unter diesem Pseudonym wurde die Idee der Kryptowährung unter anderem in einem Schriftstück mit dem Titel „Peer-to-Peer Electronic Cash System" publiziert, in dem die Autoren eine erste digitale Währung und die Möglichkeit ihrer Umsetzbarkeit erläuterten.

Anfang des Jahres 2009 gelangte der Bitcoin als erste Kryptowährung überhaupt in Umlauf. Der Bitcoin geht ebenfalls zurück auf die nur unter dem Pseudonym bekannten Satoshi Nakamoto und die Gruppe der Cypherpunks. Innerhalb kurzer Zeit war die Währung bei Kennern bereits sehr beliebt, obwohl ein Bitcoin damals nur wenige US-Dollar wert war. Bis heute ist diese digitale Währung die populärste Kryptowährung mit steigender Tendenz. Das lässt sich allein am heutigen Wert eines einzelnen Bitcoins erkennen, der 2017 nach einem Boom auf über 2.000 US-Dollar anwuchs. Daneben sind auch Kryptowährungen wie Ripple oder Litecoin gefragt, auch wenn sie nicht annähernd an den Bitcoin heranreichen.

VORSTELLUNG DER DIGITALEN WÄHRUNG BITCOIN

Der Bitcoin ist die populärste Kryptowährung, doch was zeichnet sie aus? Der Begriff Bitcoin setzt sich aus den beiden englischen Wörtern *Bit* und *Coin* zusammen. Ein Bit ist eine Maßeinheit für einen Informationsgehalt oder eine Datenmenge. Bit ist zudem die Abkürzung für die Bezeichnung *binary digit*, was auf Deutsch übersetzt *binäre Ziffer* bedeutet. In der Informatik stellen Bits die kleinste elektronische Speichereinheit dar. *Coin* ist das englische Wort für *Münze*. Wir können den Bitcoin daher als „Digitale Münze" übersetzen. Die Coins sind somit nichts anderes als programmierte Dateien.

Genau wie bei konventionellen Währungen existiert eine geläufige Abkürzung: BTC. Es gibt keine kleineren Einheiten des Bitcoins. Das heißt, ein Äquivalent zu Cents beim Euro oder US-Dollar existiert nicht. Dennoch lassen sie sich teilen. Das ist bis zu einem Wert von 0,00000001 Bitcoins möglich. Ginge das nicht, wären Bitcoins nicht besonders handlich, vor allem nicht bei dem hohen Wert von über 2.000 US-Dollar, den sie inzwischen erreicht haben. Wir unterscheiden einzelne Bitcoins durch elektronische Signaturen, mit denen sie ausgestattet sind. Diese sind absolut einzigartig und durch eine hochwertige Verschlüsselung bisher fälschungssicher. Doch es ist nicht garantiert, dass dies auch in Zukunft so bleiben wird. Investoren sollten bedenken, dass sich Technologien immer weiterentwickeln und es für manche IT-Experten eine interessante Herausforderung darstellt, einen passenden Schlüssel zu finden, auch wenn der Schwierigkeitsgrad sehr hoch ist.

Die Entstehung von Bitcoins

Die Herstellung von Bitcoins unterscheidet sich grundlegend von der Herstellung nicht-virtuellen Währungen. Bei nicht-virtuellen Währungen werden die Münzen und Scheine mit Hilfe von Maschinen geprägt und gedruckt. Bitcoins lassen sich nicht einfach programmieren, kopieren und dann mit individuellen Signaturen ausstatten, um Fälschungen zu verhindern. Das Verfahren zum Generieren von Bitcoins ist aufwendig, langwierig und energielastig, zudem nimmt der Schwierigkeitsgrad stetig zu. Das Schürfen digitaler Geldeinheiten wird „Mining" genannt und soll nun genauer beleuchtet werden. Die Hauptakteure sind gewöhnliche Computernutzer und Unternehmen, die über die passende Hardware verfügen. Jeder kann daran teilnehmen, theoretisch sogar vom eigenen Wohnzimmer aus.

Das Mining-Verfahren

Der Miner benötigt zunächst einen Zugang zu einem sogenannten Mining-Pool im Internet, der in der Regel kostenpflichtig ist. Ein Beispiel für einen solchen Pool ist das Internet-Portal Slush's Pool. Interessenten können auch ohne einen Pool Bitcoins minen, das Verfahren ist jedoch wenig ergiebig und wird daher im Folgenden nicht weiter betrachtet. In Mining-Pools kommen Bitcoins-Begeisterte aus aller Welt zusammen. Sie stellen ihre verfügbare Rechnerleistung zur Verfügung, mit der eine Software zielgerichtet nach Bitcoins schürft. Ihre Aufgabe: Die Suche nach Lösungen für komplexe Aufgaben aus dem mathematischen Spektrum. Konnte eine Lösung errechnet werden, wirft das Portal ein paar Bitcoins aus. Dieser Auswurf wird als Block bezeichnet.

Ein Block enthält eine gleichbleibende Zahl an Bitcoins. Die Anzahl halbiert sich allerdings in bestimmten Intervallen, die jeweils ein paar Jahre betragen. Das Halbieren des Blocks bezeichnen Miner als Halving. Zu Beginn der Bitcoin-Ära umfasste ein Block noch 50 Bitcoins. Seit 2009 kam es bereits zu zwei Halvings. Inzwischen werden nur noch 12,5 Bitcoins pro Block ausgeworfen. Das nächste Halving findet im Juni 2020 statt und reduziert die Menge an Bitcoins in einem ausgeworfenen Block auf 6,25. Das Schürfen ist somit eine Art Belohnung für die Bereitstellung von Rechnerleistung. Der Gewinn wird anteilsmäßig unter den teilnehmenden Minern aufgeteilt.

Die Hardware

Damit sich das Bitcoins-Mining lohnt, ist eine möglichst leistungsfähige Hardware notwendig. Umso mehr Leistung sie aufweist, desto rentabler ist die Teilnahme. Die Leistung, die beim Mining nutzbar ist, kann aus CPUs, Grafikkarten oder spezieller Hardware, den sogenannten ASICs, bezogen werden. ASIC ist die Abkürzung für Application Specific Integrated Circuits, zu Deutsch: anwendungsspezifische integrierte Schaltung.

Die Leistung

Damit weiterhin Bitcoins ausgeworfen werden, müssen zunehmend komplexer werdende Aufgaben gelöst werden. Dafür ist auch immer mehr Rechnerleistung notwendig. Dieses Phänomen wird deutlicher, wenn wir uns die Geschichte der Kryptowährung genauer ansehen: In der Anfangsphase des Bitcoins stammte die verwendete Leistung ausschließlich aus gewöhnlichen CPUs, die fester Bestandteil eines jeden Computers sind. Einige Miner bemerkten, dass Grafikkarten viel mehr Leistung zur Verfügung stellten. Da durch Halvings immer weniger Bitcoins ausgeworfen wurden, stiegen die Miner auf Grafikkarten um. Eines Tages war auch diese nicht mehr genug. Daher wurden schließlich ASICs entwickelt, die ab etwa 80 Euro zu haben sind. Es ist davon auszugehen, dass immer leistungsfähigere Hardware notwendig ist, um denselben Gewinn an Bitcoins zu generieren. Vermutlich können eines Tages ausschließlich Supercomputer Bitcoins schürfen.

Der Stromverbrauch

Strom kostet Geld. Klar ist: Umso höher der Verbrauch, desto höher fällt die Stromrechnung am Ende des Ablesezeitraums aus. Um Bitcoins zu minen, wird immer mehr Strom verbraucht und immer mehr Geld ausgegeben. Miner verfolgen das Ziel möglichst kostengünstig zu agieren. ASICs müssen zwar erst gekauft werden, sie sind im Gegensatz zu CPUs und Grafikkarten aber energieeffizienter und somit im Vergleich deutlich rentabler. Professionelle Miner drehen längst an den energetischen Stellschrauben, um den Gewinn an Coins möglichst hoch zu halten. Einerseits wenden sie ASICs vor allem an jenen Standorten an, an denen elektrischer Strom besonders günstig ist, andererseits wird die direkte Umgebung der ASICs thermisch reguliert. Zwar wirkt sich die Umgebungstemperatur nur geringfügig auf den Energieverbrauch aus, dennoch kann es ein paar Nachkommastellen beeinflussen. Eines Tages wird das Minen nicht mehr rentabel sein, höchstwahrscheinlich sind die Kosten dann sogar höher als der Gewinn.

Der Client

Wer Bitcoins besitzen und ausgeben möchte, der benötigt einen Client. Es handelt sich um eine Software für die Online-Nutzung und zum Downloaden. Der Client umfasst eine sogenannte Wallet (zu Deutsch: Brieftasche), dem Speicherort für die Bitcoins. Bei der Wallet handelt es sich im Prinzip um ein Konto, wie Kunden es auch beim Online-Banking verwenden. Clients übernehmen noch weitere Aufgaben, zum Beispiel können User mit ihnen schnell Überweisungen tätigen und Bitcoins empfangen. Auf den Clients sind Bitcoins aber nicht zwangsläufig auch vor Verlust oder Diebstahl geschützt. Besitzer der digitalen Münzen können allerdings auf eine Art Safe setzen, der das Risiko reduziert. Der beste Schutzmechanismus ist, die Bitcoins vom Internet zu trennen, denn sie lassen sich durch einen Netzwerkzugang am leichtesten stehlen. Daher ist es empfehlenswert, die Wallet auf ein Speichermedium wie auf einen USB-Stick abzulegen. Der muss natürlich wiederum vor einem gewöhnlichen Diebstahl gesichert werden.

Die Blockchain

Bei konventionellen Währungen haben die Banken den Überblick über die gesamte Geldmenge, die getätigten Transaktionen und das Vermögen der einzelnen Nutzer. Bei Kryptowährungen spielen Banken aber nur eine kleine Nebenrolle. Sie kommen höchstens ganz am Rand des Bitcoin-Universums zum Einsatz, zum Beispiel, wenn ein Bitcoin-Besitzer seine Coins verkauft und den Gegenwert auf sein Konto überweisen lässt. Transaktionen zwischen Käufer und Verkäufer oder Auszahlungen frisch geschürfter Block-Anteile finden außerhalb der Banken statt. Doch wie kann das System ohne Banken funktionieren? Grundsätzlich gilt: Würde bei einer digitalen Währung überhaupt keine Kontrollinstanz eingeschaltet werden, könnte natürlich jeder behaupten, er besäße Bitcoins, auch wenn er nie rechtmäßig Anteile erstanden hätte. So würde das gesamte System aufgrund von Betrug sinnlos werden.

Die Lösung existiert beim Bitcoin in Form einer speziellen Datenbank. Die sogenannte Blockchain fungiert als Auskunftsstelle. Im weitesten Sinne handelt es bei der Blockchain um nichts anderes als eine extrem lange Liste, die jede einzelne erfolgreich getätigte Transaktion mit Bitcoins aufzählt. So lässt sich auch noch Jahre später ermitteln, welchen Weg jeder einzelne Bitcoin-Bruchteil genommen hat und wo er sich aktuell befindet. Die Existenz der Blockchain leistet also einen wesentlichen Beitrag daran, dass das System Kryptowährung überhaupt in der Praxis funktioniert. Die Blockchain zeichnet drei Eigenschaften aus: Dezentralität, Transparenz und Unveränderlichkeit. Sie befindet sich nicht zentral an einem oder wenigen Orten, sondern wird auf zahlreichen Clients und Nodes auf den Computern der Nutzer abgespeichert. Dabei werden die Inhalte ständig aktualisiert.

Jede Bitcoin-Transaktion geht über einen der verfügbaren Clients und wird dort zunächst überprüft. Das Ergebnis führt anschließend automatisch zur Genehmigung oder Ablehnung des Vorgangs. Dabei kommt die einzigartige, bisher nicht fälschbare Signatur des Bitcoins zur Anwendung. Die Überprüfung dauert in der Regel nur wenige Sekunden. Konnte die Transaktion genehmigt werden, wird ein neuer Eintrag in der langen Liste der Blockchain angelegt. Eine andere wichtige Eigenschaft ist die Transparenz. Die gespeicherten Daten sind für alle einsehbar, in der Software Open-Source (OS). Die dritte Eigenschaft der Blockchain ist ihre Unveränderlichkeit. Gespeicherte Einträge lassen sich nicht manipulieren, löschen oder umschreiben. Wie der Name Blockchain bereits sagt, handelt es sich - bildlich gesehen - um eine Kette aus mehreren Blöcken. Die Blöcke sind direkt miteinander verbunden. Jeder Block enthält eine Teilmenge aller bisher getätigten Transaktionen. Wer sich die Blockchain als eine sehr lange Liste von Einträgen vorstellt, der kann sich einen einzelnen Block als Einzelseite mit einem Bruchteil der Informationen versinnbildlichen.

Proof-of-Work

Neben der Blockchain sind weitere Sicherheitsmaßnahmen in das System Bitcoin integriert. Jeder Internetnutzer kennt das Problem mit dem massenhaften Empfang von Spam- oder Junkmails. Eine Möglichkeit, mit der sich Spam von echten E-Mails unterscheiden lässt, ist der sogenannte Proof-of-Work (PoW). Es handelt sich um einen Beweis, der belegt, dass vor der Nutzung einer Dienstleistung zunächst Arbeit geleistet wurde, wodurch letztendlich Missbrauch verhindert werden soll. Um Spam zu verringern, sollte der Sender vor dem Versand einer jeden Mail zunächst eine Aufgabe lösen, also eine Arbeit leisten. Das Lösen der Aufgabe ist nicht schwer, nimmt aber jedes Mal ein bisschen Zeit in Anspruch. Wer viele Mails versenden möchte, der kommt schnell auf eine größere Zeitmenge. Bei Spam wird der Zeitaufwand dann schnell so groß, dass sich der massenhafte Versand nicht mehr lohnt. Erstmals vorgeschlagen wurde diese Idee in den 90er Jahren, in denen auch die Cypherpunks nach Innovationen zur Lösung moderner Probleme suchten.

Der PoW wird beim Bitcoin dazu verwendet, um für die Blockchain neue Blöcke zu erzeugen. Das geschieht bei einzelnen Teilnehmern der Bitcoin-Community, die durch bereitgestellte Technik und Software die Datenbank aufrechterhalten. In etwa zehnminütigen Rhythmen entstehen aus den neu eingegangenen Transaktionen neue Blöcke. Ab dem Augenblick, an dem eine Zusammenfassung abgeschlossen wurde, sind die Blöcke unveränderbar. Andernfalls wäre der Bitcoin als Zahlungsmittel nicht vertrauenswürdig. Jeder neue Block wird augenblicklich über das Netzwerk an alle anderen verfügbaren Clients und Nodes verteilt, sodass die Blockchain insgesamt etwa alle zehn Minuten aktualisiert wird. Der PoW stellt hierbei den Zeitraum von etwa zehn Minuten zwischen Beginn und Ende einer Transaktion dar. Denn nur dann, wenn die Transaktion erfolgreich in die Blockchain aufgenommen werden konnte, kann der Empfänger auch über die Bitcoins verfügen.

DER WERT DER KRYPTOWÄHRUNG

Wenn Kryptowährungen rein digital sind, würde das Netz dann mit der Zeit nicht mit ihnen überflutet werden? Und würden sie dadurch nicht zunehmend an Wert verlieren? Digitales Geld lässt sich in der Theorie natürlich endlos generieren, so wie auch unendlich viele Kopien von jeder anderen Datei angefertigt werden können. Doch bei der Kryptowährung Bitcoin existiert eine reelle Begrenzung von etwa 21 Millionen. Die exakte Anzahl liegt sogar leicht darunter. Diese Summe soll aber erst im Laufe des nächsten Jahrhunderts durch das Mining erreicht werden, wenn es überhaupt soweit kommt. Denn durch das zunehmend schwieriger werdende Mining könnte die Menschheit auch deutlich früher aufgeben. Nach dem Ursprungsgedanken des Bitcoins werden demnach also voraussichtlich nicht unendlich viele Geldeinheiten entstehen. Doch Interessierte Anleger sollten bedenken, dass die für die Zahl von 21 Millionen Bitcoins verantwortlichen Protokolle vielleicht eines Tages geändert werden könnten. Zudem ist es unmöglich zu sagen, ob IT-Spezialisten in 30 Jahren das digitale Geld nicht doch auf anderem Wege als dem üblichen vervielfältigen können, was das Vertrauen in den Bitcoin unverzüglich einreißen lassen würde.

Inflation spielt bei Bitcoin fast keine Rolle

Inflationen bei nicht-digitalen Währungen entstehen, indem Notenbanken den Gesamtbetrag des Geldes durch zusätzliches Drucken erhöhen. Das kann aus verschiedenen Gründen politisch notwendig werden. Wenn aber mehr Geld vorhanden ist, verliert jeder einzelne Schein und jede einzelne Münze an Wert. Ein bemerkenswertes Beispiel aus Deutschland ist die Hyperinflation der Reichsmark im Krisenjahr 1923. Damals wurden rund um die Uhr Geldscheine gedruckt, um die hohen Kriegsschulden Deutschlands und die Reparationsforderungen aus dem ersten Weltkrieg bedienen zu können. Mit jeder Stunde verringerte sich der reelle Wert der einzelnen Scheine. Irgendwann wurde das Geld so wertlos, dass sogar ein einfaches Brot über 100 Milliarden Reichsmark kostete. Doch auch Währungen wie der Dollar, der Yen oder der Euro unterliegen dauerhaft der Inflation. Wer den Wert einer Währung über Jahrzehnte oder sogar über Jahrhunderte vergleicht, der kann den Wertverlust nicht übersehen. Beim Bitcoin besteht aber eine Begrenzung von rund 21 Millionen Stück. Anfang 2017 gab es bereits über 16 Millionen Bitcoins. Prognosen zufolge wird jeder einzelne Bitcoin zunehmend an

Wert gewinnen – im Gegensatz zum Euro, der zunehmend an Wert verliert. Tatsächlich ist der Bitcoin aber auch nicht völlig von Inflation befreit, sondern von Anfang an davon betroffen. Allerdings nimmt die Inflation nicht wie beim Euro und US-Dollar zu, sondern reduziert sich ständig. Die Inflation des Bitcoins ist daher relativ unbedeutend. Im Jahr 2030 soll sie bereits unter einen Prozent gefallen sein.

Anders sieht es bei der Deflation aus, bei der das Preisniveau sinkt. Eine Deflation ist unter anderem bedingt durch das Verhalten vieler Anleger: Sie horten große Mengen Bitcoins, weil sie auf hohe Kurse warten. Zu diesem Zeitpunkt werden sie ihre Coins verkaufen und die gewünschten Gewinne machen. Die Kursschwankungen bei der Kryptowährung Bitcoin sind ein weiter Grund, der zur Deflation beitragen kann. Einzelcoins waren innerhalb des bisherigen Zeitraumes schon wenige Cents und dann wieder über 1.000 US-Dollar wert. Außerdem verstärkt auch der Verlust von Bitcoins die Deflationsspirale. Angenommen, jemand lagert auf einem USB-Stick drei Bitcoins, doch der Stick wird bei einem Brand zerstört. Das wirkt sich auf das gesamte System aus. Die Deflation ist bis heute noch nicht ausreichend erforscht, da sie sehr selten ist. Wir wissen daher nicht genau, was uns bei einer schwerwiegenden Deflation einer Währung wirklich erwartet.

DER KAUF VON BITCOINS

Bitcoins können nicht nur geschürft werden, sie lassen sich auch handeln. Voraussetzung dafür ist eine Wallet, also ein Bitcoin-Konto. Mithilfe der Wallet nehmen User Transaktionen vor. Des Weiteren ist ein Zugang zu einem Bitcoin-Marktplatz sinnvoll. User registrieren sich dort mit ihren Konto- oder Kreditkartendaten. Oft sind zur Identifikation auch persönliche Daten aus dem Personalausweis nötig. Die Marktplätze bieten die Möglichkeit für den Kauf und Verkauf von Bitcoins zu einem Preis, bei dem der Verkäufer das letzte Wort hat. Die Preise für Bitcoins schwanken stark. Im Jahr 2017 hat sich der Wert fast vervierfacht. Im September diesen Jahres näherte sich der Einkaufspreis eines einzelnen Bitcoins der 4.000-Euro-Marke an. Experten vermuten, dass der Betrag in nächster Zeit wieder sinken wird. Wie viel ein Bitcoin wert ist, hängt hauptsächlich von dem Angebot und der Nachfrage ab. Um einen Kauf in die Wege zu leiten, überweist der Käufer den gewünschten Betrag an den Verkäufer. Anschließend muss er darauf warten, dass der Verkäufer den Geldeingang auf dem Marktplatz bestätigt. Dann erst werden die gekauften Bitcoins in die Wallet des Käufers übertragen und aus der des Verkäufers gelöscht. Bei Bitcoin-Kaufgeschäften ist zudem eine Gebühr an den Marktplatzbetreiber zu entrichten, denn dieser möchte am Geschäft mit dem digitalen Geld mitverdienen.

Wer mit Bitcoins handeln möchte, der sollte bedenken, dass einzelne Bitcoin-Marktplätze in der Vergangenheit gehackt wurden oder unerwartet wegen Insolvenz schließen mussten. Es besteht also durchaus ein Risiko. Eine außergewöhnliche Pleite musste beispielsweise der einst größte Bitcoin-Marktplatz *MtGox* hinnehmen. Der japanische Handelsplatz ging Anfang 2014 unerwartet in Insolvenz, nachdem zuerst alle Konten eingefroren wurden. Rund 750.000 Bitcoins von Kunden gingen dabei verloren. Viele Käufer und Verkäufer sind bis heute auf ihrem Verlust sitzen geblieben. Der Wert der verlorenen Menge betrug zum damaligen Zeitpunkt über 470 Millionen US-Dollar. Seit dem Sommer 2017 muss sich der verantwortliche CEO von MtGox, der Franzose Mark Karpelès, in Tokio vor Gericht verantworten. Die Anklage lautet auf Veruntreuung von Kundengeldern. Doch es gibt nicht nur Negativ-Beispiele. Ein Bitcoin-Marktplatz mit guten Erfahrungswerten durch die User ist das Portal bitcoin.de. Die Börse wirbt mit sicheren Servern in professionell abgesicherten Rechnerzentren, die ihren Standort in Deutschland haben. Zudem soll der Hauptbestand der Kunden-Bitcoins offline gesichert sein.

Mit Bitcoins bezahlen: So funktioniert's

Viele Menschen können sich nicht vorstellen, dass jemand tatsächlich mit einer virtuellen Währung wie Bitcoin bezahlt. Doch es funktioniert tatsächlich und zwar nicht nur über Computer, sondern längst auch mit dem Smartphone. Voraussetzung ist natürlich, dass der Verkäufer die digitale Währung als Zahlungsmittel akzeptiert. Die Händler, auf die das zutrifft, werden Bitcoin-Akzeptanzstellen genannt. Mit steigender Beliebtheit des Bitcoins kommen immer mehr Unternehmen hinzu, die die Bezahlung mit dem Kryptogeld anbieten, wie unter anderem:

- Microsoft
- Dell
- Wikipedia
- Expedia
- Mozilla
- Greenpeace
- usw.

Um erfolgreich mit dem Computer oder Smartphone zu bezahlen, ist eine Wallet zwingend notwendig. Für mobile Endgeräte ist sie auch als App erhältlich. In die gestartete Wallet werden die Adresse des Empfängers und der zu zahlende Betrag eingegeben. Anschließend muss die Transaktion nur noch bestätigt werden. Da in der Blockchain nur alle zehn Minuten ein neuer Block entsteht, erreichen die Bitcoins den Empfänger etwa zehn Minuten später, sofern alles funktioniert. Beim Zahlen mit dem Smartphone geht das Bezahlen sogar noch schneller und einfacher vonstatten als auf dem PC. Mit der NFC-Technologie oder QR-Code-Scans sparen Käufer sich die Umstände, die Daten von Hand eintippen zu müssen. Die Wartezeit durch das Zusammenfassen des Blocks bleibt aber gleich. Auch wenn es bereits zahlreiche Unternehmen und regionale Geschäfte gibt, die Bitcoins akzeptieren, sollte die Akzeptanz als digitales Zahlungsmittel nicht überschätzt werden. Der Bitcoin ist noch weit weg davon, ein wirklich gängiges Zahlungsmittel zu werden. Dennoch ist schon heute klar, umso öfter mit Bitcoins bezahlt wird, desto etablierter wird die digitale Währung.

Anonymität ist bei Transaktionen mit dem Bitcoin nicht vollständig gegeben. Zwar laufen keine Daten über zentrale Banken, dennoch werden sie detailliert in der Blockchain vermerkt. Sie sind unveränderbar und können von allen eingesehen werden. Es gibt Menschen, die aus Angst vor einem Bargeldverbot und den daraus resultierenden Überwachungsmöglichkeiten Bitcoins nutzen möchten. Doch sie täuschen sich, wenn sie glauben, dass sie dadurch wirklich anonym kaufen könnten. Neben den Daten in der Blockchain hinterlassen zudem alle virtuellen Bewegungen Spuren, die ohne Schutzmaßnahmen sehr leicht nachvollziehbar sind. Somit ist das Bargeld weiterhin die einzige wirklich anonyme Zahlungsweise. Eine andere Sorge, die manche Menschen umtreibt, ist ein möglicher Crash des Finanzsystems. Da Bitcoin ohne gewöhnlichen Banken auskommt, könnte die Währung weiter funktionieren, sofern genug Teilnehmer verfügbar sind.

WEITERE WICHTIGE KRYPTOWÄHRUNGEN

Bitcoin ist die mit Abstand gefragteste Kryptowährung auf dem Markt. Weitere relevante digitale Währungen sind Ethereum und Litecoin. Diese Alternativen zur Pionierwährung Bitcoin werden auch Altcoins genannt. Die auf der Internetplattform Ethereum genutzte Kryptowährung, wird als Ether bezeichnet. Ether liegt in der Beliebtheit aller Kryptowährungen auf dem zweiten Platz und spielt für die Finanzwelt eine geringe Rolle. Da der Bitcoin zurzeit mit über 2.000 US-Dollar pro Coin extrem teuer ist, steigt das Interesse der Anleger in den Ether. Sein Wert liegt parallel bei etwa einem Zehntel. Ether lassen sich nach einem ähnlichen Verfahren wie der Bitcoin minen.

Der Litecoin entstand im Oktober 2011. Software und Technik basieren fast vollständig auf dem Bitcoin. Die wichtigsten Unterschiede zeigen sich in der Blockchain und im Mining-Prozess. Die Blöcke werden im Blockchain etwa viermal so häufig zusammengefasst. Im Mining Prozess werden viermal so viele Coins ausgeworfen. Die Beliebtheit des Litecoin ist weiterhin steigend, derzeit zählt er zu den sechs erfolgreichsten Kryptowährungen.

KRYPTOWÄHRUNGEN ALS ANLAGESTRATEGIE: AM BEISPIEL DES BITCOINS

Nachfolgend werden Möglichkeiten vorgestellt, die Interessenten nutzen sollten, um Bitcoins für konventionelles Geld zu kaufen. Bitcoins zu kaufen, lohnt sich am meisten, wenn die Nachfrage sehr gering ist, dann nämlich ist der Einkaufspreis niedrig. Oder sie lassen sich für ihre Waren oder Dienstleistungen mit Bitcoins bezahlen. Dabei sollten sie beachten, dass sie die Wallet an einem sicheren Ort und offline lagern, damit sie nicht versehentlich verloren geht oder zerstört wird. Anschließend heißt es, abwarten und die Hoffnung auf eine höhere Nachfrage nicht zu verlieren. Steigt die Nachfrage, geben andere Käufer gerne mehr für einen eigenen Bitcoin-Anteil aus. Die Differenz zwischen Einkaufs- und Verkaufswert ist der Gewinn. Derzeit (Stand September 2017) ist der Bitcoin auf seinem bisher höchsten Stand, somit ist jetzt ein guter Zeitpunkt zum Verkaufen, aber eine ungünstige für einen Einkauf. Einige Experten erwarten bereits das „Platzen der Bitcoins-Blase".

Wer über ein hochwertiges, leistungsstarkes Rechenzentrum verfügt, das günstigen Strom nutzen kann, der sollte es selbst einmal mit dem Minen versuchen. Auch Privatpersonen haben diese Möglichkeit. Jedoch sollten sie sich darauf einstellen, dass die benötigte Hardware in der Regel sehr teuer ist. Außerdem produziert sie viel Lärm und Feinstaub, es kommt zu einer starken Wärmeabstrahlung und der Gewinn ist im Vergleich nur sehr gering. Konnten erfolgreich Bitcoins geschürft werden, sollten die Miner den Gewinn wie im vorherigen Punkt absichern und zu einem guten Zeitpunkt verkaufen.

Wie stark oder schwach der Kurs des Bitcoins ist, hängt ausschließlich von Angebot und Nachfrage ab. Andere Währungen spielen hierbei keine Rolle. Das macht die Aktien so außerordentlich spannend, erhöht aber auch das Risiko, in kürzester Zeit eine Menge Geld zu verlieren, da der Bitcoin-Kurs starken Schwankungen unterliegt. Wer sich darauf einlässt, sollte also sein Limit gut kennen. Im Verlauf des Kapitels wurden immer mal wieder mögliche Schwachstellen am System aufgeführt, dazu zählen der Verlust des Bitcoin-Vermögens durch Unachtsamkeit genauso wie das „Knacken" der Verschlüsselung oder ein Verbot des Bitcoins in einzelnen Staaten, die Anleger in Ihrem Handeln berücksichtigen sollten. Aufgrund des hohen Risikos eignen sich Bitcoin-Aktien damit eher als Hobby und sollten nie zu wichtig genommen werden.

GRÜNDE FÜR DIE BELIEBTHEIT VON KRYPTOWÄHRUNGEN

- Kryptowährungen unterliegen weder staatlicher Kontrolle, noch der Kontrolle durch Notenbanken.
- Stattdessen werden Kryptowährungen von einer internationalen Gemeinschaft verwaltet.
- Sie bringen risikobereiten Anlegern satte Gewinne ein, aber auch große Verluste sind möglich.
- Kryptowährungen erleben zurzeit einen wahren Boom, es entstehen ständig neue Varianten.
- Die Bankenbranche kann mit ihnen nicht spekulieren, es sei denn, sie agieren wie gewöhnliche Anleger.
- Banken können für die Nutzung keine Gebühren verlangen.
- Gebühren bei Kryptowährungen sind oft niedrig.
- Nutzer können an Kryptowährungen Geld verdienen, ohne zu arbeiten - jederzeit, von überall.
- Kryptowährungen bieten oft mehr Rendite als Bankzinsen.
- Überweisungen gehen rasend schnell, meist in wenigen Minuten.
- Durch Eintragung aller Transaktionen in Datenbanken bestmögliche Transparenz.
- Digitale Währungen zeichnen sich durch hohe Fälschungssicherheit aus.
- Zahlungen sind auch an Feiertagen und Wochenenden möglich.

- Unternehmen können mit eigenen Kryptowährungen auf sich aufmerksam machen.

Das Fazit

Unternehmen starten zunehmend Projekte, um das interessante Gebiet weiter voranzutreiben oder um auf das eigene Unternehmen aufmerksam zu machen. Kryptowährungen erleben einen echten Run. Denn das Thema Kryptowährungen ist mehr als nur eine Möglichkeit, schnelles Geld zu verdienen (oder es zu verlieren). Mit dem zunehmenden Vertrauensverlust in unsere konventionellen Geldsysteme und ihrer zunehmenden Instabilität gewinnen digitale Währungen zunehmend an Stärke. Anleger sollten jedoch bedenken, dass auf ein schnelles Hoch oft auch ein schnelles Tief folgt und vorsichtshalber nur kleine Beträge investieren. Wir wissen nicht, was uns in Zukunft zu diesem Thema erwartet, vermutlich dürfen wir sehr gespannt sein und mit großem Interesse die weitere Entwicklung verfolgen.

5

Alles Gold und E-Gold oder was?

Traditionelle und moderne Anlageformen für die Krisenzeit

von Magdalena Szarafin

Kaufe, wenn das Blut auf den Straßen fließt," hat einmal Nathan Mayer Rothschild gesagt. Das ist eine passende Einführung in das Thema, da es auf den Märkten darum geht, möglichst billig zu kaufen und teuer zu verkaufen. Ausgerechnet in Zeiten, die von Krisen geprägt sind, entstehen die größten Vermögen. Mein Ziel ist es daher, dich auf fallende Kurse vorzubereiten, und dir aufzuzeigen, wie du aus der Krise profitieren kannst.

Aber… beginnen wir von vorne: Der in Frankfurt ansässige Amschel Mayer von Rothschild war ein genialer Vorherseher in der Welt des Kapitals und deren Entwicklung. Von Rothschild hatte fünf Söhne, die er nach Berlin (Amschel), London (Nathan Mayer), Neapel (Karl Mayer), Paris (James Mayer) und Wien (Salomon Mayer) schickte, um dort weitere Rothschild-Banken zu etablieren.

Die Rothschild-Dynastie konnte bereits damals im 19. Jahrhundert von der Internationalisierung profitieren. Durch die Etablierung eines Systems, bestehend aus Banken in den wichtigsten europäischen Ländern, konnte Rothschild eine überregionale Sicht auf die Ereignisse in den wichtigsten Staaten Europas gewinnen. Schon damals konnte das Rothschild-Imperium supranational handeln. Dadurch, dass Rothschild ein eigenes Informationsnetz aus Boten und Brieftauben aufbaute, das sogar schneller agierte als das regierungseigene, hatte die Rothschild-Dynastie einen wesentlichen Informationsvorsprung gegenüber anderen Marktteilnehmern.

Juni 1815: Der Ausgang der Schlacht in Waterloo, 15 km südlich von Brüssel, war für die damaligen Finanzmärkte entscheidend. Als sich in London das Gerücht verbreitete, dass Napoleon über die alliierten britischen und preußischen Truppen gesiegt hatte, war dies eine schlechte Nachricht für den britischen Kapitalmarkt. Nathan Mayer Rothschild reagierte und verkaufte seine Aktien. Da Rothschild eine „große Nummer“ in London war, verkauften daraufhin auch alle anderen Anleger innerhalb von wenigen Stunden ihre Aktien.

Rothschild aber wusste, dass Napoleon in Wirklichkeit geschlagen wurde. Als die Aktienkurse ins Bodenlose stürzten, kaufte Rothschild durch seine Leute praktisch alle Aktien zum *Butterbrotpreis.*

Kurze Zeit später traf in London die offizielle Nachricht über den Kriegsausgang ein. In Sekundenschnelle schoss der Aktienkurs über den ursprünglichen Wert hinaus und stieg im späteren Verlauf sogar noch höher. Und so hatte sich das bereits große Rothschild-Vermögen über Nacht mehr als verzwanzigfacht.

Ein Privatanleger hat diesen Wissensvorsprung der „Großen“ vielleicht nicht, aber die „Großen“ (auch „Smart Money“ genannt) hinterlassen Spuren. Es ist also wichtig zu wissen, wie und wo auf diese Spuren zuzugreifen ist, wie sie zu lesen sind und wie man das für seine Anlagestrategie nutzen kann. Die eine oder andere Möglichkeit verrate ich dir gleich.

Darüber hinaus präsentiere ich dir in diesem Artikel die jetzige Lage auf den Kapitalmärkten. Dadurch, dass die meisten von ihnen gerade überhitzt sind, nenne ich dir ein paar interessante Alternativen (Gold, Silber, E-Gold), in die du investieren kannst. Neben den Anlageklassen selbst verrate ich dir, auf welche Art und Weise du in diese Aktiva investieren kannst.

Zum Schluss erzähle ich dir ein paar (lustige) Geschichten und Geschehnisse aus der Welt der Anleihenmärkte.

Stand heute: Eine der längsten Haussen in der Geschichte

Die Börsenrallye ist 8 Jahre alt und damit eine der längsten Haussen in der Geschichte. Die Aktienmärkte sind zu Spekulationsballons geworden, die jederzeit platzen können. Diese lange Hausse hat zur Megaüberbewertung der US-amerikanischen Börsen geführt. Warum sind die US-amerikanischen Märkte so wichtig? Eigentlich sind 80% der Börsen weltweit mit den US-amerikanischen Börsen stark korreliert. Wenn es in den USA zu fallenden Kursen kommt, verbreitet sich dieser Trend weltweit: „Wenn Amerika niest, bekommt der Rest der Welt einen Schnupfen!", sagte einmal John M. Keynes.

Doch was macht die jetzige Hausse so besonders? Nicht nur deren Dauer, sondern auch die zwei sich widersprechenden Phänomene: die Null-Zins-Politik der Notenbanken und gleichzeitig der massive Massengelddruck, der von Natur her eine inflationäre Wirkung haben sollte. Darüber hinaus sind die Notenbanken zu aktiven Marktteilnehmern geworden (z.B. kaufen die japanische Notenbank und die Schweizer Zentralbank Aktien). Die Europäische Zentralbank kauft Anleihen, wobei viele Experten bald den Einstieg der EZB auf die Aktienmärkte erwarten, was früher auch nicht der Fall war.

Während die Bank of Japan in börsengehandelte Indexfonds (ETFs), die an japanischen Unternehmen beteiligt sind, investiert, kauft die Schweizerische Nationalbank vor allem die US-Titel. Zum Schweizer Portfolio gehören u.a. Aktien, wie Apple, Exxon Mobil, Johnson & Johnson oder Microsoft. Das Geld, das die Notenbanken für den Aktienkauf verwenden, wird selbst gedruckt. Es steht also (theoretisch) in unbegrenzter Menge zur Verfügung. Mit diesem künstlich erschaffenen Geld machen die Notenbanken auch noch echte Gewinne in Form von Dividendenausschüttungen!

Was uns Privatanleger von den Notenbanken unterscheidet, ist die Tatsache, dass wir unser eigens erarbeitetes Geld zum Kauf von Aktien investieren. Uns stehen keine Gelddruckpressen zur Verfügung. Daher müssen wir sorgfältig darauf achten, dass unser Geld gut angelegt wird und es hart für uns arbeitet.

Aber zurück zu den Notenbanken – sie tun alles, damit die jetzige Hausse möglichst lange andauert. Die Hausse hat an sich keine wirtschaftliche Begründung mehr. Es mag sein, dass uns die inflationären Folgen der Hausse tangieren, wie das in den 1970er Jahren der Fall war. Wenn die Baisse kommt, ist davon auszugehen, dass die Notenbanken intervenieren, indem sie nach jedem Preissturz massive Käufe ihrerseits tätigen.

Und wie war es gestern, was wir für heute mitnehmen können?

Bis auf wenige Ausnahmen, die die jetzige Hausse ganz besonders machen, wiederholen sich auf dem Markt bestimmte Muster. Generell bewegen sich die Märkte von Akkumulation bis zur Distribution, von Hausse bis zur Baisse.

Vieles können wir aus den vergangenen Haussen und den darauffolgenden Baissen lernen.

In den nachfolgenden Grafiken wird der Verlauf des S&P 500, des wichtigsten Aktienindex in den USA, und des DAX dargestellt.

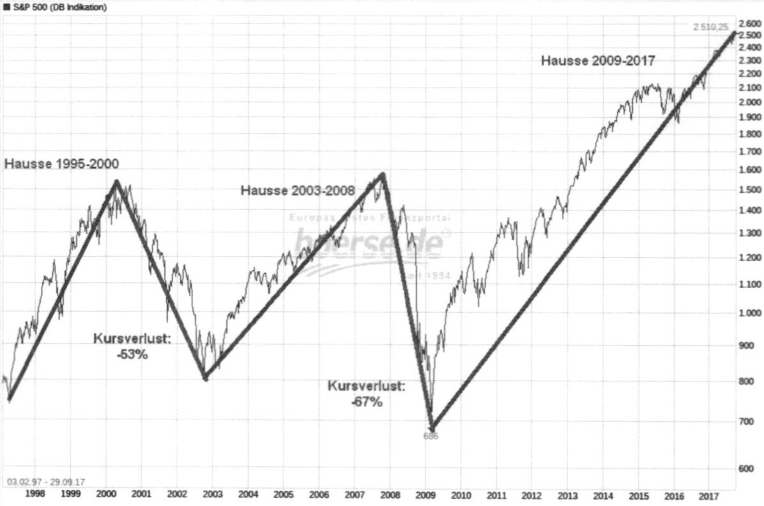

S&P 1995 - 2017

Nach der Hausse 1995-2000 sind die Kurse der Aktien auf dem S&P 500 Markt um 53% gefallen, während nach der Hausse der Jahre 2003-2008 der Kursverlust 67% betrug.

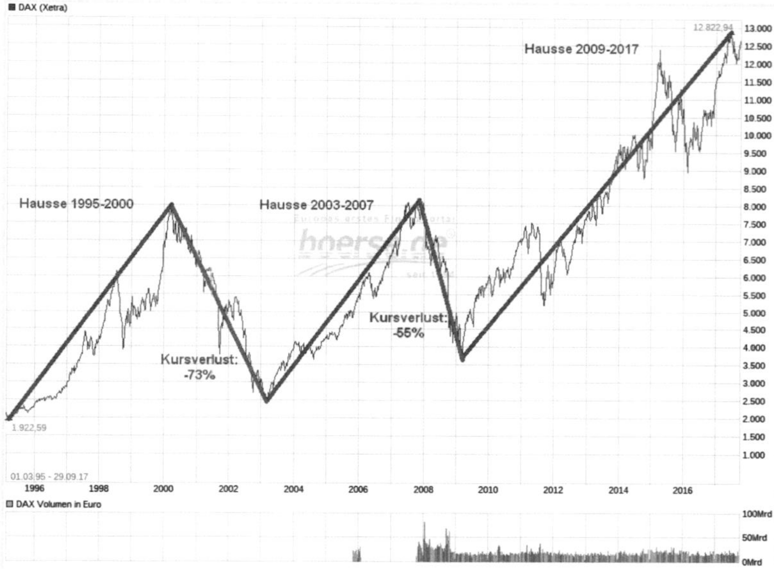

DAX 1995 - 2012

Ähnliche Tendenzen zeigt der DAX auf. Nach der Hausse 1995-2000 platzte die Dotcom-Blase und verursachte 73%-ige Kursverluste. Nach der Hausse des Zeitraumes 2003-2008 erfolgte die Banken- und Immobilienkrise, der Markt ist um 55% gefallen.

Auch nach der Hausse der aktuellen Periode 2009-2017(?) wird die Krise kommen – es ist nicht ausgeschlossen, dass der Auslöser diesmal der Einzelhandel sein wird.

Übrigens, wenn wir uns die beiden obigen Charts anschauen und den Verlauf 2009-2017 in Betracht ziehen, ist die Struktur des fünfwelligen Elliott Impulses sehr deutlich. Und nach der fünften Elliott-Welle kommt üblicherweise die dreiwellige Korrektur, auf die wir uns jetzt vorbereiten.

US-amerikanische Insider im Verkaufsrausch

Du kannst dich noch daran erinnern, als ich dir kurz über Nathan Mayer Rothschild und seinen Informationsvorsprung erzählt habe.

Jetzt stellt sich die Frage, woher ein „Otto Normalanleger" erkennen kann, dass die Aktien überbewertet sind und weiteres Halten mit Risiken verbunden ist?

Eine der Möglichkeiten besteht darin, sich die Entscheidungen der Insider anzuschauen, wobei als Insider Personen gelten, die wegen ihrer Stellung in einem Unternehmen, als Mitglieder der Geschäftsleitung, des Aufsichtsrates o.ä., einen Informationsvorsprung gegenüber der Allgemeinheit haben.

Dabei gelten Insider als gute Value-Investoren. Wenn sie sich z.B. von den Aktien trennen, heißt das, dass sie überbewertet sind.

Deshalb haben die US-amerikanischen Insider alleine im März 2017 Aktien im Wert von 10 Mrd. USD verkauft. Die Informationen über Insider-Käufe und -Verkäufe sind übrigens öffentlich zugänglich.

US-amerikanische Insider im Verkaufsrausch

Quelle: www.zerohedge.com

Jetzt stellt sich für potentielle Investoren folgende Frage: Wenn schon Leute mit tiefstem Wissen über das Unternehmen ihre Aktien veräußern, wenn sie keinen Glauben an den Erfolg der Unternehmen haben, warum sollte ein Privatinvestor ohne Insider-Stellung an deren Erfolg glauben? Und wieso sollte er sie kaufen? Und wenn er diese besitzt, dann ist es vielleicht an der Zeit, sie zu veräußern?

Die gestrigen „Nifty Fifty" und die heutigen FANG

Als „Nifty Fifty" wurden die 50 besten US-amerikanische Aktien aus den 1960ern und 1970ern bezeichnet. Namen, wie Kodak, Polaroid oder Upjohn Company waren sehr angesagt und gehörten in jedes Portfolio da unter Börsianern die Überzeugung herrschte, dass sich hier hervorragende Perspektiven ergeben.

„Buy and hold forever", lautete die Devise. Das hieß im Klartext: Über die einmal gekauften Aktien eines soliden Unternehmens brauchten sich Anleger keine Gedanken zu machen, da diese über die nächsten Dekaden Gewinne erzielen würden. Es hat also gereicht, einmal die (Kauf)Entscheidung zu treffen. Man konnte dann die Aktien über einen langen Zeitraum halten.

Doch eines Tages wurden die „Nifty Fifty" sehr teuer. Die folgende Tabelle zeigt die Kurs-Gewinn-Verhältnis-Werte der ausgewählten „Nifty Fifty" aus dem Jahr 1972, die deutlich über der „Schmerzgrenze" von 16 liegen:

	Unternehmen	**KGV (1972)**
1	Polaroid	95
2	McDonald's	86
3	Walt Disney	82
4	Digital Equipment	56
5	Eastman Kodak	44

KGV-Werte ausgewählter „Nifty Fifty" (1972)

Quelle: www.investing.com, www.zerohedge.com

Die „Nifty Fifty" waren also teuer. Trotzdem war die Nachfrage nach ihnen groß doch lange konnte das nicht gut gehen. Innerhalb von 14 Jahren (seit 1969) haben die Nifty Fifty 66% an Wert verloren. Polaroid, Avon Products und Xerox stürzten entsprechend um 91%, 86% und 71% ab. Es waren auch einige unter ihnen, die ganz aus dem Handel verschwanden (wie z.B. Polaroid oder Eastman Kodak).

Auf eine schmerzhafte Weise mussten viele Anleger die Erfahrung machen, dass ein gutes Unternehmen nicht gleichbedeutend mit einem guten Investment ist. Denn es kommt immer auf den dafür bezahlten Preis an!

Hochinteressant ist in diesem Zusammenhang der nächste Chart, der die Bewertung der US-amerikanischen Aktien im Vergleich zum Rest der Welt zeigt:

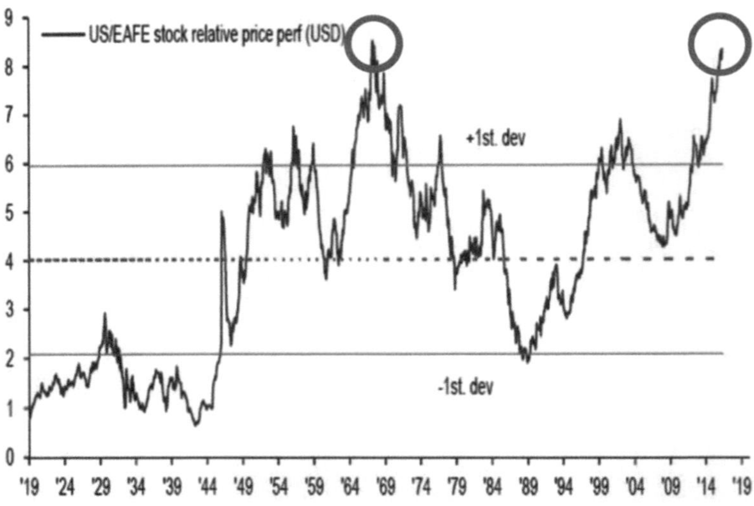

Bewertung der US-amerikanischen Aktion im Vergleich zum Rest der Welt
Quelle: www.investing.com, www.zerohedge.com

Du siehst, dass die höchsten Werte im Jahre 1969 erzielt wurden (die erste rote Markierung). Der zweite Punkt, an dem die US-amerikanischen Aktien gegenüber den anderen Weltmärkten überbewertet werden, folgt auf den heutigen Tag.

Den weiteren Verlauf, also den Stand von morgen, kann man sich denken, da die Korrektur kommen muss.

Die Börsenzyklen und die Situationen an den Börsen mögen sich regelmäßig wiederholen. So heißen die „Nifty Fifty“ von gestern heute FANG. FANG ist ein Akronym aus:

- *F*acebook
- *A*mazon
- *N*etflix
- *G*oogle (Alphabet)

Was haben die heutigen FANG-Unternehmen mit den Nifty Fifty aus den 1960ern/1970ern gemeinsam?

Zum einen glauben viele Börsianer an den Erfolg dieser Unternehmen und an ihr unendliches Wachstumspotential. Gleichzeitig verzeichnen die FANG-Unternehmen extrem hohe KGV-Werte, die in der folgenden Tabelle zusammenfasst sind.

	Unternehmen	Symbol	KGV (2016)
1	Facebook	FB2A	32,31
2	Amazon	AMZ	149,67
3	Netflix	NFC	281,36
4	Google (Alphabet)	ABEA	27,98

KGV-Werte der FANG-Unternehmen (2016)

Quelle: www.onvista.de

Ebenfalls beläuft sich der KGV-Wert für den gesamten S&P 500 Index auf einem hohen Niveau von 25,12.

Charakteristisch für die FANG-Unternehmen ist auch die Tatsache, dass sie seit 2015 für 90% der S&P 500 Marktkapitalisierung[1] verantwortlich sind! Seit 2015 fügte FANG 630 Mrd. USD an Marktkapitalisierung hinzu, während bei dem Rest der S&P 500 Unternehmen (also 496!) der Zuwachs an Marktkapitalisierung „nur" 45 Mrd. USD betrug. Das Wachstum dieses Index basiert also auf Popularität weniger Titel.

Und auch hier sind die Insider im Verkaufsrausch. Sie haben in den letzten 12 Monaten deutlich mehr FANG-Aktien verkauft als gekauft, was folgende Grafik zeigt (die roten Balken stehen für Verkäufe, die grünen für Käufe):

[1] *Die Marktkapitalisierung ergibt sich aus der Zahl der Aktien multipliziert mit dem aktuellen Kurs.*

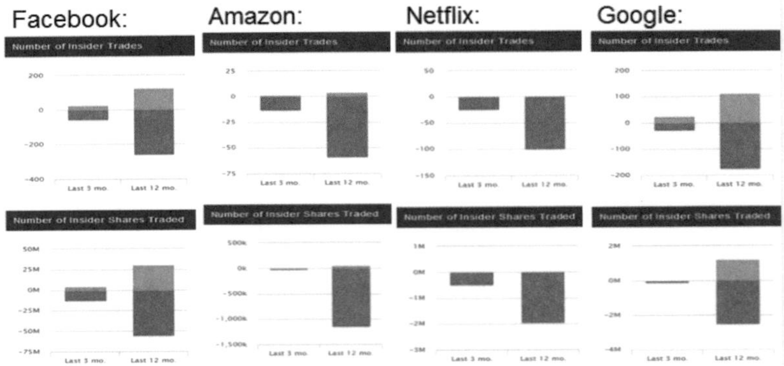

Insider-Käufe und -Verkäufe der FANG-Unternehmen

Quelle: www.nasdaq.com

Die Aktienkurse nähern sich also ihren Rekordhochs

„Kaufen Sie stabile Unternehmen und laufen Sie nicht der Masse und Medien hinterher“, sagte einmal Warren Buffett. Damit meint er, dass du keine Aktien kaufen oder verkaufen solltest, nur weil die Anleger-Masse in die eine oder andere Richtung rennt.

Aber woher kann man wissen, in welche Richtung die Anleger-Masse läuft? Um zu bestimmen, an welchen Titeln die Masse interessiert ist und an welchen nicht, können wir z.B. Google Trends nutzen und dann die Ergebnisse mit der Preisentwicklung des jeweiligen Titels vergleichen.

Machen wir eine kurze Übung: tragen wir in Google Trends (http://trends.google.de/trends) folgende Phrasen ein (in englischer Sprache, da es sich hier um internationale Märkte handelt und wir dadurch mehr Ergebnisse bekommen):

- *Investing in Amazon* (in Amazon investieren)
- *Investing in Gold* (in Gold investieren)
- *Investing in Oil* (in Öl investieren)

Die Suche nach der Phrase *„Investing in Amazon“* zeigt das auf nachfolgender Seite abgebildete Ergebnis.

Im oberen Teil der Grafik sehen Sie die Ergebnisse der Google

Trends, Periode 01.01.04 - 03.10.17. Im unteren Teil ist der Preisverlauf der Amazon-Aktie der gleichen Periode dargestellt.

Die Grafik verdeutlicht, dass das höchste Interesse an „Investing in Amazon“ gerade jetzt besteht, wo der Preis am höchsten ist. In Zeiten, in denen die Bewertung der Aktie günstig war, war das Interesse sogar 75 - 80% niedriger als heute!

Ähnliches machen wir mit der Phrase „Investing in Gold“. Du siehst, dass das Interesse an Gold am stärksten im August 2011 war, als der Goldpreis am höchsten war. Derzeit ist das Interesse 75% niedriger, als damals – und die Goldpreise sind ganz attraktiv.

Unsere nächste Phrase lautet: „Investing in Oil“. Das Ergebnis zeigt, dass das Interesse an Öl zum einen im August 2005, als sich der Ölpreis (Brent Crude) innerhalb von einem Jahr fast verdoppelte und zum anderen Mitte 2008, als der Preis am höchsten war, am stärksten war. Derzeit, wo Öl preiswert ist, ist das Interesse um 70% niedriger, als damals.

„Investing in Amazon“

„Investing in Gold“

„Investing in Oil“
Stand 03.10.2017

Chart-Tool: www.ariva.de

Doch wo Aktienkurse steigen, werden Rohstoffe zum Schnäppchen

Nicht nur Öl kann man heute zum Schnäppchenpreis erwerben, sondern insgesamt sind Rohstoffe derzeit günstig bewertet. Der folgende Chart zeigt die Rohstoffpreise (GSCI-Index) in Relation zu den Aktienpreisen (S&P 500). Die roten Wendepunkte stehen für die Überbewertung der Rohstoffe zu Aktien und die grünen Punkte – für die umgekehrte Situation:

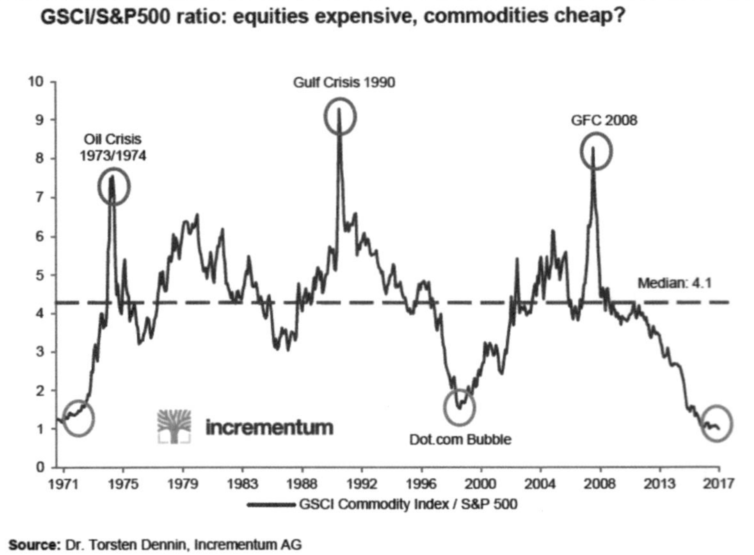

Rohstoffpreise (GSCI-Index) in Relation zu den Aktienpreisen (S&P500)

Quelle: www.investing.com; Dr. T. Dennin, Incrementum AG

Du siehst hier ganz deutlich, dass die Aktien heute sehr teuer sind, obwohl die Rohstoffe preislich sehr günstig sind. Doch Vorsicht! Das, was günstig ist, kann natürlich noch günstiger werden. Die Jagd nach dem niedrigsten Preis erinnert an das Fangen eines fallenden Messers.

Schnäppchen machen mit Gold

Neben Rohstoffen liegen derzeit auch Edelmetalle (Gold, Silber, Platin) auf einem günstigen Preisniveau. Wir haben bereits festgestellt, dass das Interesse an Gold derzeit sehr niedrig ist und der Preis im attraktiven Bereich liegt. Um zu bestimmen, ob Gold billig oder teuer ist, können wir zusätzlich noch das Verhältnis von Dow Jones zu Gold ermitteln (aktueller Stand des Dow Jones dividiert durch den Goldpreis in USD).

Wenn die Dow Jones/Gold-Ratio steigt, weisen US-Standardaktien eine bessere Performance auf als Gold – und umgekehrt. Dieser Maßstab ist sehr gut, weil – wie wir bereits wissen – die meisten Märkte weltweit stark mit den US-amerikanischen Märkten korrelieren. Man kann also sagen, dass die US-amerikanischen Börsen globale Trends bestimmen.

Die folgende Grafik zeigt den Verlauf des Dow Jones/Gold-Ratios seit 1980:

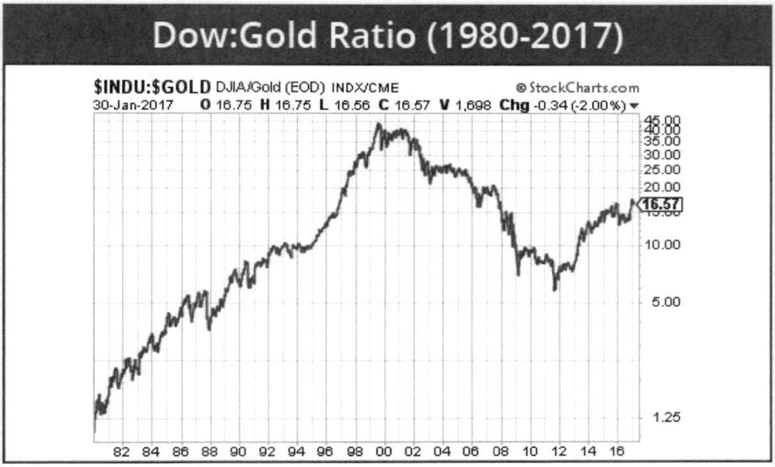

Dow/Gold-Ratio 1980 - 2017

Quelle: www.moneymetals.com

Im Jahre 2000 kostete 1 „Einheit" aus dem Dow Jones 44 Goldunzen. 2011 hat der Goldpreis sein Maximum erreicht, das Verhältnis betrug 7. Zurzeit beläuft sich die Kennzahl auf ca. 17 und entspricht dem Wert aus 2007.

Jetzt, wo wir wissen, das Gold derzeit preisgünstig ist, stellt sich die Frage, wie du in Gold investieren kannst, da es zahlreiche Möglichkeiten gibt. Hier nenne ich dir drei:

- Investment in physisches Gold:
- gängige Münzen (Krügerrand, Wiener Philharmoniker,

Känguru, Maple Leaf, American Eagle), in Form von 1-Unze-Münzen, da diese den realen Goldpreis widerspiegeln

- Goldbarren bekannter Hersteller (Heraeus, Johnson Matthey, Tanaka, Rand Refinery, The Perth Mint)
- Investment in Gold- und Silberminen über ETF GDXJ
- Investment in Goldminen

Bevor ich dir verrate, welche Goldminenunternehmen von Interesse sein können, zeige ich dir, warum die Betreiber der Goldminen um ein mehrfaches interessanter sind, als Gold in physischer Form.

Nehmen wir an, dass der Goldpreis von 1.300 USD / Unze auf 1.400 USD / Unze (also um 7,7%) ansteigt. Die Mining-Kosten belaufen sich auf 1.000 USD / Unze. Ursprünglich betrug der Gewinn also 300 USD / Unze und ist auf 400 USD / Unze (also um 33,33%) angestiegen. Und (grundsätzlich[2]) im ähnlichen Bereich können sich die Aktienkurse dieser Unternehmen bewegen.

In der folgenden Tabelle sind die 10 weltweit größten Goldminen-Gesellschaften (2016) aufgeführt:

Lfd.	Unternehmen	Sitz	Symbol	ISIN	WKN***	Produktion (Mio. Unzen)	AISC* je Unze	F-Score**
1	Barrick Gold	Toronto, Kanada	ABX	CA0679011084	870450	5,52	730	8
2	Newmont Mining	Denver, USA	NEM	US6516391066	853823	4,9	912	5
3	AngloGold Ashanti	Johannesburg, Südafrika	AOD1	ZAE000043485	164180	3,63	986	6
4	Goldcorp	Vancouver, Kanada	GG	CA3809564097	890493	2,87	856	7
5	Kinross Gold	Toronto, Kanada	KGC	CA4969024047	A0DM94	2,79	984	7
6	Newcrest Mining	Melbourne, Australien	NMAA	US6511911082	165488	2,46	763	7
7	Gold Fields	Johannesburg, Südafrika	EDGA	ZAE000018123	856777	2,15	980	6
8	Polyus Gold	Moskau, Russland	PLZL	RU000A0JNAA8	A0JNAA	1,97	572	4
9	Agnico Eagle	Toronto, Kanada	AE9	CA0084741085	860325	1,66	824	7
10	Sibanye Gold	Westonaria, Südafrika	0SG	ZAE000173951	A1KBRZ	1,51	954	7

grün markiert sind Unternehmen mit F-Score 7, 8, 9

* AISC: All-In Sustaining Costs – berechnete nachhaltige Produktionskosten je Unze nach dem Standard des World Gold Councils

** F-Score ist ein Neun-Punkte-Plan (in den Bereichen: Profitabilität, Finanzierung, Effizienz) für fundamentale Aktienanalyse,

[2] *„grundsätzlich", denn der Aktienkurs spiegelt nicht nur die erhöhte Marge wider, sondern ist auch von anderen Faktoren abhängig.*

entwickelt vom Stanford-Professor Joseph D. Piotroski. Das Ziel von F-Score besteht darin, die Aktien attraktiv bewerteter Unternehmen auszuwählen, die sich in sehr guter Finanzlage befinden.

Mögliche Werte des F-Score (je höher der F-Score, desto besser):

- 0, 1, 2, 3 – relativ hohe Wahrscheinlichkeit einer Insolvenz oder eines De-Listings im Vergleich mit anderen Titeln
- 4, 5, 6 – stabile Unternehmen
- 7, 8, 9 – gute bis sehr gute Aktien (für die Bildung eines Portfolios hat Piotroski ausschließlich Aktien der Unternehmen mit F-Score von 8 oder 9 berücksichtigt)

*** Diese Aktien werden auch auf deutschen Börsen gehandelt und können von dir über die deutschen Börsenplätze erworben werden. (**Tipp**: die Gebühren für den Handel an ausländischen Börsen sind sehr hoch, je nach Broker liegen sie zwischen 25 € und 65 €)

Auch Silber ist unterbewertet

Der entscheidende Unterschied zwischen Gold und Silber ist: Im Gegensatz zu Gold wird Silber nicht nur von Anlegern, sondern auch von der Industrie gekauft, die rund 50 Prozent der Nachfrage ausmacht. Darüber hinaus ist Silber anfälliger für Schwankungen als Gold, da der Silber-Markt viel kleiner als der Gold-Markt ist.

2016 war ein weiteres Jahr, in welchem die Nachfrage nach Silber höher als das Angebot war (um 100 Mio. Unzen im Jahre 2015

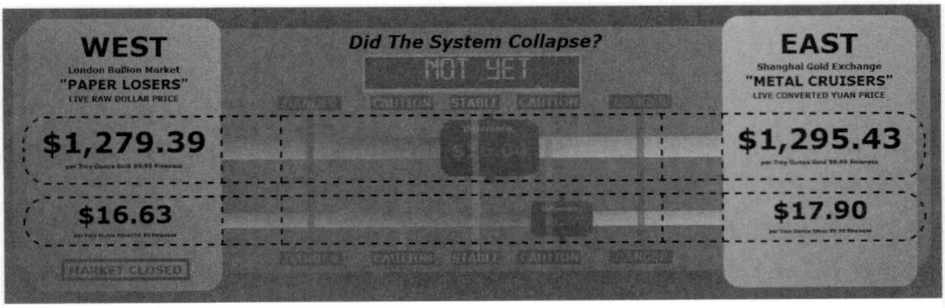

Gold- und Silberpreise in Shanghai und in London

Quelle: www.didthesystemcollapse.com, 01.10.2017

und um 20 Mio. Unzen im Jahre 2016).

Wenn wir uns z.B. die Silber-Preise an der Börse in London (London Bullion Market) und in Shanghai (Shanghai Gold Exchange) anschauen, dann stellen wir fest, dass Silber im Fernosten um 7,64% teurer ist, als im Westen. Das zeigt deutlich, dass dieses Edelmetall unterbewertet ist.

Silber ist auch relativ günstig im Vergleich zu Gold. Um das zu bestimmen, können wir das Gold-to-Silver Ratio[3] verwenden:

Gold-to-Silver Ratio seit 1998

Quelle: www.goldprice.org, 01.10.2017

Aus diesem Chart geht hervor, dass wir zurzeit für 1 Unze Gold fast 72 Unzen Silber erwerben können. Das deutet darauf hin, dass der Silberpreis derzeit attraktiv ist, da es auch Zeiten gab, in denen man für 1 Goldunzen nur 30 Silberunzen kaufen konnte. Auch in Silber kannst du auf verschiedene Art und Weisen investieren:

- Investment in physisches Silber:
- gängige Münzen (Wiener Philharmoniker, Känguru, Maple Leaf)

3 *Wie viele Silberunzen können wir für eine Goldunze erwerben.*

- Silberbarren
- Investment in Gold- und Silberminen über ETF GDXJ
- Investment in Silberminen (24 Gesellschaften) über Global X Silver Miners ETF (SIL) – den größten Fonds diesen Typs

Bitcoin: „Smart Money" in Action

Wer von euch mit Kryptowährungen unterwegs ist, kann sich bestimmt an die Ereignisse aus September 2017 erinnern.

Und so ist das chronologisch verlaufen:

12.09.2017: JP Morgan-Chef, Jamie Dimon, bezeichnet Bitcoin als einen „Betrug", der schlimmer sei als die Tulpenzwiebel. Er betonte auch, dass er jeden seiner Mitarbeiter, der mit Bitcoin handelt, feuern wird. Denn dies sei „gegen unsere Regeln und dumm".

15.09.2017: „Wir werden die Webseite Viabtc.com in China am 30. September offiziell für den Handel schließen.", erklärte die Bitcoin-Börse ViaBTC

Daraufhin:

15.09.2017: Der Bitcoin-Kurs fällt unter die 3.000 USD Marke – das sind ca. 12%(!) weniger, als am Vortag.

Und…

15.09.2017: Während die einen verkaufen, kaufen die anderen. Wie aus Handelsdaten der schwedischen Nordnet Bank hervorgeht, kaufte JP Morgan Securities und Morgan Stanley an diesem Freitag Bitcoin-Papiere im Wert von rund 3 Millionen Euro. Auch Goldman Sachs und Barclays kauften an diesem Tag Bitcoin-Papiere (ja, ja, „Smart Money" hinterlassen Spuren – z.B. in Form eines Ultravolumens, das sich nicht übersehen lässt) zum Schnäppchenpreis! (kommt dir das bekannt vor? – Analogie zu Nathan Mayer Rothschild?)

Ein paar Tage später: Nachdem BTC China, ViaBTC und Yobtc ihre Schließung erklärt haben, gibt es Gerüchte, wonach die chinesischen Bitcoin-Börsen zur Fortsetzung ihrer Tätigkeit lediglich eine Lizenz erwerben müssen. Anschließend würden sie wahrscheinlich den Handel wieder aufnehmen können.

Crashkurs Bitcoin

Jetzt erzähle ich dir einiges über Bitcoin. Das werden die wichtigsten Stichpunkte sein, denn das gesamte Bitcoin-Wissen würde den Rahmen dieser Publikation sprengen.

Bitcoin ist eine digitale Währung, die auf der Blockchain-Technologie basiert. Zu verstehen ist Bitcoin auch als ein weiterer Schritt in der Evolution des Geldes, eine neuere Form des Geldes:

- Zu Beginn der Geschichte waren solche Waren wie Schalen oder Salz ein „Zahlungsmittel".
- Später haben die Menschen Münzen erfunden.
- Danach erfolgte der Tausch mithilfe von Banknoten.
- Dann fand die Entkopplung des Geldwertes von den Goldvorräten statt.
- Der nächste Schritt ist gut gesichertes elektronisches Geld wie Bitcoin.

Bitcoin ist eine Folge von Nullen und Einsen, genauso wie Geld in elektronischer Form auf Bankkonten. Von Letzterem unterscheidet sich Bitcoin allerdings durch die Tatsache, dass dessen Bitfolge besser geschützt ist, als im Falle des traditionellen elektronischen Geldes.

Aber: sicher ist sicher! Daher empfiehlt es sich, Sicherheitskopien unserer Wallets zu machen. Hier können verschiedene Medien eingesetzt werden wie z.B. USB-Sticks, CDs, Papier.

Wenn du also ein großes Vermögen in Form von BTC hast, kannst du z.B. einen Ausdruck (Paper-Wallet) machen und ihn in den Tresor legen. So kann jeder von uns ganz unkompliziert zu seiner eigenen Bank werden!

Ab und an höre ich in Gesprächen mit Freunden und Bekannten Meinungen, dass Bitcoin anonym ist. Um zu präzisieren: Bitcoin ist nicht vollkommen anonym, eher „pseudoanonym". Die Bitcoin-Adressen enthalten keine persönlichen Daten (wie Name, Anschrift), sind aber vollkommen transparent und für jeden nachvollziehbar einsehbar. Wenn sich also jemand bei einer Bitcoin-Börse registriert und dort Bitcoins erwirbt, die er später an sein Bitcoin-Konto sendet, könnte der Weg der Bitcoins nachvollzogen werden.

Die maximale Bitcoin-Menge liegt bei 21 Mio. Bitcoin. Die Begrenzung macht die Währung immun gegen Inflation. Wenn also das maximale Angebot an Bitcoins erreicht wird und die Nachfrage steigt, steigt der Kurs.

Bitcoin entstand 2009 und der Preis lag damals im einstelligen Bereich. Heute, wo ich diese Worte schreibe (03.10.2017) liegt der Preis über 3.600 €. Es ist mittlerweile so populär geworden, dass die Transaktionskosten deutlich angestiegen sind. Noch vor 3-4 Jahren konnte man mit Bitcoin einen Kaffee bezahlen. Heute oder morgen würde sich das nicht lohnen, da die Transaktionsgebühren fast so hoch sind, wie der Preis für den Kaffee.

Bitcoin etabliert sich also als Wertaufbewahrungsmittel (obwohl die Notenbanken davor warnen, verbieten sie es allerdings nicht).

Im früheren Verlauf habe ich dir Gold als Anlage vorgestellt. Wo wir beim Thema Bitcoin sind, würde ich folgendes sagen: Gold ist zwar sehr attraktiv und sehr empfehlenswert als Kapitalanlage, gleichzeitig aber ein wenig „altmodisch". Die heutigen Zeiten erfordern modernere Lösungen. Und Kryptowährungen (u.a. Bitcoin) zählen dazu.

Doch es existieren auch Parallelen zwischen Gold und Bitcoin:

- so wie Gold abgebaut wird, wird nach Bitcoins mit viel Rechenaufwand geschürft
- das Schürfen wird mit steigender Bitcoin-Menge immer aufwändiger
- die Goldvorräte dürften eines Tages erschöpft sein. Das gilt auch für die Bitcoin-Menge
- die Bitcoins lassen sich wie Goldmünzen an Börsen tauschen und als Zahlungsmittel nutzen

Aber: Gold kann berührt und gewogen werden, Bitcoin nicht (es sei denn, man nutzt ein Papier-Wallet).

Im weiteren Verlauf nenne ich dir ein paar Akzeptanzstellen

von Bitcoin.

Du wirst vielleicht erstaunt sein, dass Bitcoins gerne in der Schweiz von Gemeindeverwaltungen akzeptiert werden. Das gilt z.B. für die Stadt Chiasso – ab 2018 ermöglicht die Behörde, Steuern im Umfang von bis zu 250 CHF in Bitcoins zu begleichen. Auch die Gemeindeverwaltung Zug akzeptiert Bitcoins als Zahlungsmittel für Leistungen bis zu 200 CHF.

In Österreich kannst du an allen Post-Standorten Bargeld in Bitcoins umtauschen.

Und wenn du in Deutschland den Lieferservice von lieferando.de nutzt, kannst du auch hier mit deinen Bitcoins zahlen.

Selbstverständlich gibt es noch zahlreiche Akzeptanzstellen von Bitcoin. Eine umfangreiche Liste findest du z.B. hier:

https://www.btc-echo.de/tutorial/bitcoin-akzeptanzstellen/

Bitcoin & Co. als Geldanlage

Kryptowährungen heute sind eigentlich wie Handys im Jahre 1992 – sie befinden sich immer noch in der Early-Adopter-Phase, sie gewinnen aber sehr schnell an Popularität und Akzeptanz, was z.B. die steigende Anzahl der Wallet-User zeigt:

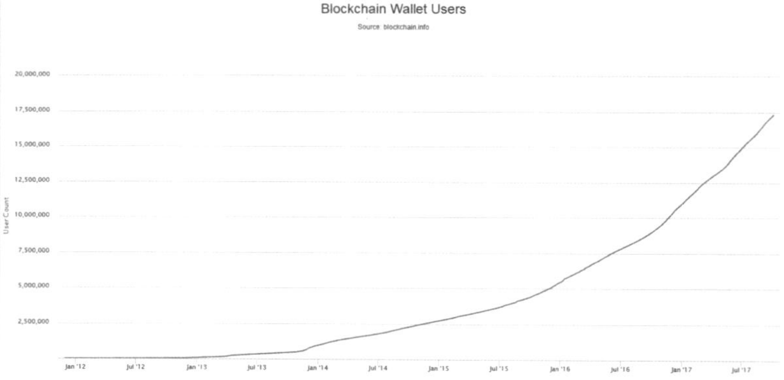

Anzahl der Wallet-User seit Januar 2012

Quelle: www.blockchain.info

Bitcoin kann also als Zahlungsmittel, wie auch als Wertaufbewahrungsmittel verwendet werden. Keine andere Asset-Klasse hat das Potenzial, im Preis so zu steigen wie E-Geld. Und Bitcoin ist dabei immer noch der König unter den Kryptowährungen.

Bitcoin ist eine hochinteressante Geldanlage, bei der nächsten Kurskorrektur könntest du einsteigen. Das kannst du auch zunächst mit einem sehr geringen Einsatz, um zu schauen, ob das für dich funktioniert und wie du dich mit dieser Anlageform fühlst.

Bitcoin kannst du z.B. über *bitcoin.de* oder *coinbase.com* erwerben (ich benutze sie auch). Über *coinbase.com* kannst du zudem auch auch Ethereum und Litecoin kaufen. Um Express-Handel auf *bitcoin.de* zu nutzen, ist es notwendig, ein Fidor-Konto (https://www.fidor.de) zu eröffnen. Um sich bei *bitcoin.de* zu registrieren, kannst du folgenden Link nutzen:

https://www.bitcoin.de/de/r/ucmdzm

Tipp: Zukünftig sollte es auch möglich sein, auf *bitcoin.de* Ethereum zu handeln.

Um sich bei *coinbase.com* zu registrieren und 10 USD in Form von BTC nach dem ersten Kauf zu erhalten, nutze bitte folgenden Link:

https://www.coinbase.com/join/59bef90ab87715011fbe07a3

Doch alles, was einen Wert hat, ist auch mit Risiken verbunden, denn:

- Bitcoin (wie auch andere Kryptowährungen) gehört zu spekulativen, volatilen Investments.
- Es bestehen auch regulatorische Risiken (jedes Land kann den Besitz oder den Handel mit Kryptowährungen verbieten oder einschränken).
- Auch technische Probleme sind möglich. Es besteht auch die Gefahr von Programmierfehlern.
- Konkurrenz seitens anderer Kryptowährungen.

Daher:

- Investiere nur das in Bitcoin, was du auch verlieren oder aussitzen kannst, wenn Bitcoin z.B. über einen längeren Zeitraum stagniert oder an Wert verliert.

Faustregel: Maximal 3% deines Gesamtportfolios solltest du in Bitcoin und andere Kryptowährungen investieren! Das sollte unterteilt werden in vier Kryptowährungen: Bitcoin, Ethereum, Litecoin sowie New Economy Movement, die noch kurz angesprochen werden.

- **Bitcoin** versteht sich als Gold unter den Kryptowährungen, als „Währungsreserve".
- **Litecoin** ist „digitales Silber", deren Vorteile im Vergleich mit Bitcoin niedrigere Gebühren und schnellere Bestätigungen im Netzwerk sind.
- **Ethereum** ist eine Plattform für die Erstellung dezentralisierter Anwendungen (decentralized applications, Dapps), die über sog. Smart Contracts laufen. Dem Enterprise Ethereum Alliance gehören z.B. solche Firmen, wie: Accenture, BP, CME Group, Cisco, Intel, J.P. Morgan, Toyota, Visa u.a.
- **New Economy Movement (NEM/XEM)** ist eine vielversprechende Kryptowährung, die auf der Blockchain-Plattform basiert. NEM verspricht mit einem einmaligen Konsensmechanismus mehr Chancengleichheit, erhöhte Sicherheit und neue Funktionen auf der Blockchain, wie z.B. Verträge mit mehreren Signaturen und verschlüsselte Nachrichten. NEM wird zudem von der kommerziellen Blockchain Mijin verwendet, die bei japanischen Finanzinstituten und Firmen im Testeinsatz ist. Zusammen mit Mijin ist NEM die erste Private-Public-Blockchain-Kombination auf dem Markt. **Tipp**: XEM wird nicht auf *coinbase.com* angeboten, stattdessen kannst du Bittrex (https://www.bittrex.com) nutzen.

Und so kann dein Kryptowährungs-Portfolio aussehen (in der Tabelle findest du auch weitere Eigenschaften dieser vier Kryptowährungen):

	Bitcoin	Ethereum	Litecoin	New Economy Movement
% im Portfolio	50%	15%	20%	15%
Symbol	BTC	ETH	LTC	XEM
Marktkapitalisierung	60,8 Mrd. €	23,6 Mrd. €	2,3 Mrd. €	1,7 Mrd. €
Anzahl an Münzen im Umlauf	16.602.225	94.938.065	53.216.007	8.999.999.999
Max. Anzahl an Münzen	21.000.000	-	84.000.000	8.999.999.999
Kategorie	Tausch und Wertaufbewahrung	Smart Contracts und dezentralisierte Anwendungen	Wertaufbewahrung und -transfer	Zahlungssystem und Erstellung von Smart Assets
Entstehungsjahr	2009	2015	2011	2015

Zusammensetzung des Kryptowährungs-Portfolios

Cloud-Mining von Kryptowährungen

Noch möchte ich dir kurz eine weitere Möglichkeit, mit Kryptowährungen Geld zu verdienen, vorstellen. Und zwar handelt es sich um Cloud-Mining.

Cloud-Mining besteht darin, dass User Rechenkapazitäten „mieten“ und diese dazu nutzen, digitale Währungen zu minen. Cloud-Mining-Anbieter bieten einen Online-Dienst an, mit denen Kunden Rechenleistung kaufen und dann ohne eigene Hardware digitale Währungen aus der Ferne minen können.

Tipp: Ich habe gute Erfahrung mit dem Cloud-Mining Anbieter Genesis Mining (https://www.genesis-mining.com) gemacht. Mit Eingabe des Promo-Codes P20Xpy erhälst du einen Rabatt von 3% auf deinen Einkauf.

Bitcoin & Co.: Steuerliche Aspekte

Generell gilt: Du musst deine Kryptowährungen nicht versteuern, wenn:

- ein Jahr zwischen Erwerb und Verkauf liegt oder
- dein Gewinn jährlich unter 600 Euro liegt

Doch was passiert, wenn du direkt mit Bitcoins Güter kaufen und sie dann wieder veräußern willst? In Gold zum Beispiel (*bit-*

coin.de bietet die Möglichkeit, Gold direkt mit Bitcoins zu bezahlen)?

Es ist so:

- Für Spekulationsgewinne, die man innerhalb eines Jahres erzielt, zahlt man Steuern
- Bei unter einem Jahr musst du theoretisch Steuern auf den Gewinn (Wertzuwachs) bezahlen
- Dabei ist es unerheblich, ob du deine Coins in €uro, Gold oder andere Werte tauschst
- Alles andere ist Steuerhinterziehung!

Tipp: Wenn du auf verschiedenen Börsen mit verschiedenen Coins handelst, kann dir CoinTracking dabei helfen, Gewinne und Verluste auszurechnen und die Daten fürs Finanzamt vorzubereiten. Bei Nutzung dieses Links:

https://cointracking.info?ref=M579724

erhälst du 10% Rabatt auf alle Account Upgrades. CoinTracking ermöglicht Datenimporte aus zahlreichen Börsen und Wallets, die hier aufgeführt sind:

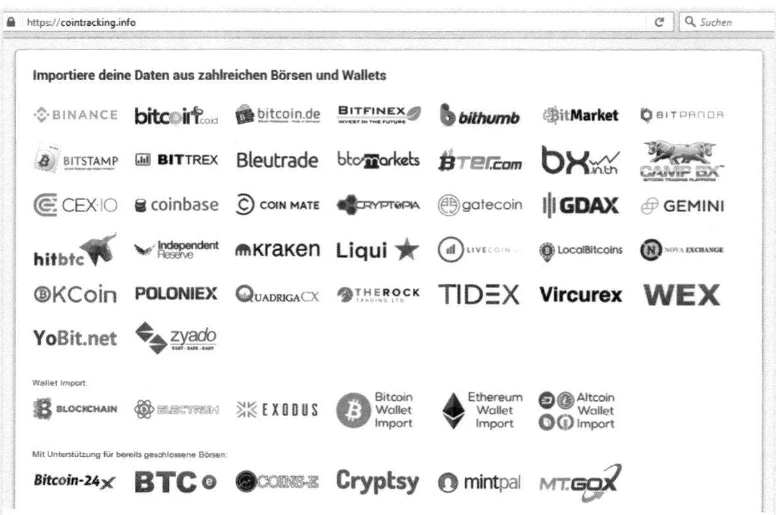

CoinTracking ermöglicht Datenimporte aus zahlreichen Börsen und Wallets
Quelle: www.cointracking.info

Selbstverständlich ersetzen die allgemeinen steuerlichen Hinweise, die hier aufgeführt wurden, nicht die qualifizierte Steuerberatung.

So kann dein Portfolio aussehen

Wenn du diesen Moment erreicht hast, gehe ich davon aus, dass du gut für die Krise gewappnet bist.

Jetzt stelle ich dir die Zusammensetzung des möglichen Krisen-Portfolios vor:

- 30% Edelmetalle (Gold, Silber, Platin)
- 3% Kryptowährungen, davon:
- BTC: 50%
- ETH: 15%
- LTC: 20%
- XEM: 15%
- 33% - Aktien der Gold- und Silberminen-Gesellschaften, ETFs
- 15% - Bargeld
- 19% - Aktien / ETFs auf Index unterbewerteter Märkte (z.B. Südkorea, Tschechien, Ungarn, China, Nigeria)

Und... Etwas Lustiges zum Schluss

In Zeiten negativer Zinsen ist die Welt ganz anders, als wir es gewohnt sind. In den letzten Jahren herrschen auf den Anleihenmärkten absurde Verhältnisse. Das zeigt sich u.a. darin, dass die negativ verzinsten Anleihen Käufer finden, obwohl sie Verluste versprechen. Aber das, was vor wenigen Wochen passiert ist, ist der Hammer! Und zwar brachte Argentinien eine 100-jährige Anleihe (Laufzeit bis 2117) an den Markt. Und… sammelte 2,7 Mrd. USD an den Märkten ein. Wobei: Die ursprüngliche Verzinsung der Anleihe betrug 8,25% p.a. Aufgrund der starken(!) Nachfrage wurde die Verzinsung auf 7,125% p.a. gesenkt.

Wir reden von einem Land, das in den letzten 200 Jahren 8 Mal

Pleite gegangen ist. Wenn dieser Trend so fortgesetzt wird, dann kann dieses Land noch 4 Mal Pleite gehen - noch vor Fälligkeit der Anleihe.

Aber: „Veränderungen begünstigen nur den, der darauf vorbereitet ist.", wie das Louis Pasteur schön zusammengefasst hat. Und den ersten Schritt auf dem Weg der Vorbereitung auf den Crash hast auch du gemacht.

Meinerseits wünsche ich dir viel Erfolg beim Investieren! Ich hoffe sehr, dir wertvolle und nützliche Inhalte geliefert zu haben.

Ich habe vor, für eine exklusive Gruppe von 2-3 hochmotivierten Börsenliebhabern ein Online-Coaching (zum Einführungspreis!) zu organisieren, um die Inhalte dieses Artikels zu vertiefen. Wenn du Interesse hast, schicke bitte eine Email an: mszarafin@web.de. „Coaching is people's business", daher teile mir bitte in dieser Email mit, wer du bist, was deine Motivation ist und welche Börsenerfahrung Sie haben.

Und das bin ich: Magdalena Szarafin

Als ich 20 war, habe ich mich verliebt. Sie war wie das Meer: mal ruhig und berechenbar, mal stürmisch, sogar gefährlich.

Und ihr Name war... Börse.

In den „Roaring Nineties" habe ich Wirtschaftswissenschaften studiert. Die polnische Wirtschaft boomte. Ich habe davon profitiert, indem ich an der Börse in Warschau handelte.

Als Studentin habe ich einige wissenschaftliche Aufsätze und eine der ersten Publikationen über Wissensmanagement geschrieben, die bis heute zitiert wird. Ich war sehr enthusiastisch - wollte sofort nach dem Studium promovieren, hatte viele Ideen für neue Publikationen und Vorhaben.

Und plötzlich - kalte Dusche! Meine Bewerbung um die Stelle als wissenschaftliche Mitarbeiterin war nicht erfolgreich. Die Entscheidung über die Stellenbesetzung erfolgte zugunsten meiner Studienkollegin.

Ich war verzweifelt. Meine Träume haben sich zerschlagen.

Doch in jeder Krise liegt eine Chance. 1999 habe ich Polen verlassen und bin zum postgraduierten Studium nach Hamburg gegangen. Die ersten Monate waren sehr schwierig für mich. Von der Familie trennten mich hunderte Kilometer. Drei Monate, nachdem ich nach Hamburg kam, ist mein Opa gestorben. Er hat immer an mich geglaubt und mich bei meinen Vorhaben unterstützt.

Doch dann habe ich zwei Kommilitonen gefunden, mit denen ich an der Börse gehandelt habe. Wir haben in Aktien der Unternehmen aus dem New Economy Markt investiert.

Nach dem Studium zog es uns berufsbedingt in verschiede Regionen. Die informelle Börsenvereinigung war somit aufgelöst. Gott sei Dank, denn kurz danach begann der Crash am Neuen Markt. Ich habe erschrocken beobachtet, wie Menschen ihr Vermögen verloren, weil sie einem Herdentrieb folgten, direkt in das Wolfsmaul.

Ich habe mich weiterhin meinem Job gewidmet aber etwas hat mir gefehlt. So kam ich 2004 zur Börse zurück, aber ich wusste eines: ich will nicht zum Schaf werden, das vom Wolf gefressen wird. Investor ist ein Beruf, wie jeder andere. Er muss erlernt werden. Den Chart liest man wie Noten.

Ich habe angefangen, von den besten Tradern und Investoren zu lernen. Ich habe mir solides Wissen angeeignet um beurteilen zu können, in welche Richtung der Markt sich bewegt, wann ich ein- und aussteige, wie hoch mein Kapitaleinsatz sein sollte und wo ich ein Stop-Loss setze. Das hat mich zehntausende Euro gekostet, hat sich aber gelohnt.

Frankfurt - Zürich - London - Chicago - New York…

Nach der Lernphase, die intensiv mit der Chartanalyse gefüllt war, habe ich wieder angefangen, in diverse Aktiva zu investieren. Ich habe mich entschieden, auf mehreren Märkten aktiv zu sein, nach dem Motto „Setze nicht alles auf ein Pferd".

Seit einigen Jahren bin ich erfolgreiche Investorin. Ich wende Strategien mit hoher Gewinnwahrscheinlichkeit beim konservativen Kapitalmanagement an. Nicht alle meiner Investments erzielen einen Gewinn, ich kenne aber keinen Investor, der jeden Trade mit Gewinn abschließt. Entscheidend ist das entsprechende Chance-Risiko-Verhältnis, um am Ende Gewinn zu erzielen.

Ich liebe die Börse, da hier faire Regeln herrschen. Nicht Beziehungen und nicht Vitamin B entscheiden darüber, wer ich bin.

Entscheidend ist mein Wissen, meine Erfahrung und die Psychologie. Nichts in der Welt gibt mir ein solches Freiheitsgefühl, wie die Börse.

In wenigen Wochen fliege ich nach Bangkok, um mein Aktivitätsspektrum um lukrative asiatische Börsen zu erweitern.

Ist die Börse auch deine Liebe? Willst du, dass ich dich pilotiere, damit wir sicher landen können?

Linksammlung Kryptowährungen

Hier nenne ich dir die Links z.T. Kryptowährungen, damit du alles gesammelt an einer Stelle hast:

- Fidor-Konto: https://www.fidor.de
- Um sich bei *bitcoin.de* zu registrieren, kannst du folgenden Link benutzen: https://www.bitcoin.de/de/r/ucmdzm
- Um sich bei *coinbase.com* zu registrieren und 10 USD in Form von BTC nach dem ersten Kauf zu erhalten, benutze bitte folgenden Link:
  https://www.coinbase.com/join/59bef90ab87715011fbe07a3
- Bittrex: https://www.bittrex.com
- Um bei der Registrierung bei Genesis Mining einen Rabatt von 3% auf deinen Einkauf zu erhalten, nutze folgende Daten: https://www.genesis-mining.com, Promo-Code: P20Xpy
- Bei Nutzung dieses Links erhälst du 10% Rabatt auf alle Account Upgrades bei CoinTracking:
  https://cointracking.info?ref=M579724

Haftungsausschluss

Die Inhalte dieses Artikels wurden mit größter Sorgfalt mit dem Ziel erstellt, einem breiten Publikum hilfreiches und informatives Wissen zu vermitteln. Für die Aktualität, Korrektheit und Vollständigkeit der bereitgestellten Informationen kann die Autorin keine Gewähr übernehmen.

Die Inhalte des Kapitels spiegeln die persönliche Meinung,

Erfahrung und Beobachtungen der Autorin wider. Die beschriebenen Strategien passen möglicherweise nicht zu jedem. Es gibt auch keine Garantie dafür, dass sie auch wirklich bei jedem funktionieren. Die Autorin übernimmt keine rechtliche Verantwortung oder Haftung für Schäden, die durch eventuelle Fehler oder falsches Verständnis durch den Leser entstehen. Die Umsetzung dieses Artikels und deren Inhalte erfolgt ausschließlich auf eigenes Risiko.

Eine Geldanlage ist immer mit Risiken verbunden. Es gibt beispielsweise Dividenden-, Insolvenz-, Kurs- sowie psychologische Risiken. Hierfür übernimmt die Autorin keinerlei Haftung. Die gute Performance der Wertpapiere in der Vergangenheit ist keine Garantie für positive Entwicklungen in der Zukunft. Die Inhalte des Artikels stellen keine Anlage-, Finanz- oder Steuerberatung dar. Ebenfalls ist es kein Angebot zum Kauf oder Verkauf von Finanzprodukten, der Artikel dient ausschließlich Informationszwecken. Bevor du die Investments tätigst, berate dich sich mit deiner Bank, deinem Anlage-, Finanz- und/oder deinem Steuerberater.

Offenlegung gemäß §34b WpHG wegen möglicher Interessenkonflikte: Die Autorin kann in den besprochenen Wertpapieren zum Zeitpunkt der Veröffentlichung dieser Publikation investiert sein.

Dieser Artikel enthält Links zu externen Webseiten Dritter, auf deren Inhalte die Autorin keinen Einfluss hat. Deshalb kann die Autorin für diese fremden Inhalte auch keine Gewähr übernehmen. Für die Inhalte der verlinkten Seiten ist stets der jeweilige Anbieter bzw. Betreiber der Seiten verantwortlich.

Die verlinkten Seiten wurden zum Zeitpunkt der Verlinkung auf mögliche Rechtsverstöße überprüft. Rechtswidrige Inhalte waren zum Zeitpunkt der Verlinkung nicht erkennbar. Eine permanente inhaltliche Kontrolle der verlinkten Seiten ist jedoch ohne konkrete Anhaltspunkte einer Rechtsverletzung nicht zumutbar. Bei Bekanntwerden von Rechtsverletzungen werden derartige Links umgehend entfernt.

Die Autorin ist Teilnehmerin der Partnerprogramme von: Bitcoin Deutschland AG, Coinbase, CoinTracking und Genesis Mining Ltd. Durch das Klicken auf einen Affiliate-Link wird in deinem Browser ein Cookie gespeichert um die Herkunft einer

Bestellung bei einem ihrer Partner nachvollziehen zu können bzw. ausfindig zu machen.

Impressum

Magdalena Szarafin
Carl-von-Noorden-Platz 14
60596 Frankfurt
Email: mszarafin@web.de

6

Lupenreine Diamanten als Investment und Vermögensschutz

Eine alternative Geldanlage in Fragen und Antworten

von Dr. Ulrich Freiesleben und Katja Herrmann

Fast alle Menschen haben den Eindruck, dass sich die Welt schneller dreht und dabei unsicherer wird. Es werden in allen Lebensbereichen sichere Häfen gesucht, die Verlässlichkeit und Nachhaltigkeit versprechen.

Zu diesem Gefühl von Unsicherheit und Unbehagen haben auch die weltweiten Finanzmärkte in den letzten zehn Jahren beigetragen. Die Ausweitungen der Geldmengen und Staatsschulden, sowie der computergesteuerte Handel von Finanztiteln in Bruchteilen von Sekunden haben das Vertrauen der Anleger in das Finanzsystem beschädigt. Wer will noch nachvollziehen können, wie die Kurse von Aktien und Anleihen wirklich gebildet werden?

So ist es nicht verwunderlich, dass sich immer mehr Anleger aus Sorge um ihre Lebensarbeitsleistung und das zusammengetragene Vermögen wieder realen Werten zuwenden. Wer sich und sein Vermögen breit aufstellen will und schon mit Immobilien und Edelmetallen vorgesorgt hat, sucht zunehmend Sicherheit im physischen Besitz von Diamanten.

Im Folgenden sind die wichtigsten Themen dazu in Fragen und

Antworten zusammengetragen worden, um grundlegende Informationen zu Diamanten als Investment und Vermögensschutz zu vermitteln.

DIAMANTEN ZUR VERMÖGENSSICHERUNG:

Für wen kommen Diamanten als Vermögenssicherung in Betracht?

Wer sich mit dem Gedanken trägt, liquide Finanzmittel in Diamanten zur Sicherung seines Vermögens zu investieren, sollte sich mit dieser Option sorgfältig auseinandersetzen und seine Bedürfnisse und Absichten genau analysieren. Im Folgenden sind einige Merkmale benannt, die auf ihre Eignung zu prüfen sind.

Welche Rolle können Diamanten bei der Vermögenssicherung spielen?

Wer sein Vermögen langfristig sichern will, wird aus Gründen der Risikostreuung eine kluge Mischung von herkömmlichen Finanzprodukten und geeigneten Sachwerten anstreben. Zu den bevorzugten Sachwerten zählen heute neben Immobilien und physischen Anlagen in Edelmetallen auch Diamanten, Moderne Kunst und Oldtimer. Aufgrund der Unwägbarkeiten der Finanzmärkte raten Vermögensverwalter heute in den Assetklassen Edelmetalle und Diamanten zu einem physischen Besitz von bis zu einem Anteil von 20% am Gesamtportfolio. Nach Angaben von Diamantanlegern investieren diese bis zu 5% ihres Gesamtvermögens in die „Härteste Währung der Welt". Der Anlagehorizont ist dabei langfristig ausgerichtet, oft schon in Hinsicht auf eine Vermögenssicherung für die nächsten Generationen.

Welche Vorteile bieten Diamanten im Vergleich zu Edelmetallen?

Diamanten sind der mobilste Sachwert und stellen den größten Wert auf kleinstem Raum dar. Ein Vergleich: Ein 12.5 kg Barren Gold von ca. € 400.000.- entspricht dem Wert eines Top-Brillanten in bester Qualität von 4 Carat (= 0.8 Gramm).

Wie fungibel sind Diamanten?

Diamanten mit einem erstklassigen, international gültigen Zertifikat (wie z.B. von GIA) sind weltweit fungibel. Das könnte der Grund sein, warum Diamanten als die „härteste Währung der Welt"(FAZ) bezeichnet werden. Bis entsprechende Börsenportale als Plattform zwischen kaufenden und verkaufenden Anlegern entstanden sind, sollte es die Aufgabe des Diamanthändlers sein, den Wiederverkauf vertrauenswürdig und profitabel abzuwickeln.

Wie wertstabil sind Diamanten?

Statistisch hat sich der Diamantpreis in den vergangenen 25 Jahren stetig nach oben entwickelt. Die konjunkturell bedingten Dellen haben den Wert eines Diamanten nie nachhaltig mindern können. Diamanten haben über die Jahrhunderte immer ihren Wert behalten. Und die Nachfrage nach Diamanten hat immer über dem Angebot gelegen.

Wie volatil ist der Diamantmarkt?

Der Markt für Diamanten ist weit weniger volatil als die Wertpapier- und Rohstoffmärkte. Hier wird der Handel nicht virtuell über Computer getätigt, sondern immer noch physisch vollzogen: Wer einen Diamanten kauft, erwirbt ihn auch körperlich und muss den Kaufpreis in voller Höhe entrichten. Daher ist ein tägliches Preisfixing für Diamanten nicht möglich und Finanzspekulanten können keinen mittelbaren und kurzfristigen Einfluss auf die Preisbildung nehmen, wie es z.B. die großen Hedge-Fonds bei Gold tun.

Welche Faktoren bestimmen die Bildung der Diamantpreise?

Die Preise für Rohdiamanten werden von großen Oligopolisten und Minengesellschaften bestimmt, die an langfristig steigendem Wert ihrer Förderungen interessiert sind. Auf dem Markt für geschliffene Steine ist immer noch die physische Nachfrage der Schmuckbranche preisrelevant.

Kann man bei einer Anlage in Diamanten mit einer Rendite rechnen?

Wer seriös ist, muss das verneinen: Renditen sind im Sinne von Finanzprodukten mit Diamanten nicht zu erzielen. Bei günstigen Markt- und Währungsverläufen sind aber Wertzuwächse durchaus möglich und aus den Erfahrungen der Vergangenheit auch wahrscheinlich. Dafür verursachen Diamanten bis auf eine mögliche Unterbringung in externen Safes keine Kosten.

DAS SIND DIE PREISBESTIMMENDEN MERKMALE BEI DIAMANTEN

Welche Merkmale bestimmen den Preis eines Diamanten?

Die "4 C" bezeichnen die englischen Begriffe für die bei der Preisbildung von Diamanten relevanten Merkmale: 1. „Carat" (= Gewicht) 2. „Colour" (= Farbe) 3. „Clarity" (= Reinheit) 4. „Cut" (= Schliff). Aufgrund der großen Bedeutung für die Feststellung der Identität und die Wertermittlung eines geschliffenen Diamanten gilt die Qualität des Zertifikats heute als das „5. C" „Certificate" (= Zertifikat).

Erstes C - „Carat": Welche Diamantgewichte (Größen) eignen sich für die Vermögenssicherung?

Zur Vermögenssicherung geeignet sind Brillanten ab einem Halbkaräter (0.50 ct) aufwärts. Der Einkaräter gilt als die klassische Größe eines Diamanten. In Abhängigkeit von der Investitionssumme und dem Zweck des Diamanten-Portfolios kann sich eine Mischung von unterschiedlichen Größen empfehlen. Zu einem großvolumigen Diamant Depot sollten auch Brillanten in Spitzenqualitäten ab zwei Karat aufwärts gehören. Wichtig ist, dass die Diamantgewichte in den einzelnen Kategorien den gesuchten Größen des Diamantmarktes entsprechen. Diese sind z.B. bei einem Einkaräter von 1.01 – 1.03 ct. – nicht aber 1.00 ct oder 1.09 ct. Auch von Zwischengrößen wie z.B. 0.64 ct oder 1.31 ct ist abzuraten, weil diese die Wiederverkaufbarkeit einschränken.

Zweites C – „Colour": Welche Farben sollte ein Diamant haben?

Je weißer ein Diamant ist, desto seltener ist er und umso höher liegt sein Preis. Die fünf höchsten Qualitätsstufen der weißen Diamanten sind nach dem Farb-Code von GIA (siehe unten) von „Hochfeines Weiss+" (D) bis „Weiss" (H) gestaffelt. Diese besten Farbgrade sind die am höchsten bewerteten an den Diamantmärkten. Ausgenommen davon sind Raritäten in intensiven natürlichen Farben.

Drittes C – „Clarity": Welche Reinheit sollte ein Diamant aufweisen?

Lupenrein (Internally Flawless und Flawless) ist natürlich das Maß der Dinge. Darunter staffeln sich mit zunehmender Größe der Einschlüsse die weiteren Reinheitskriterien. Bei Diamanten-Portfolios mit großem Volumen kann sich eine Beimischung von Steinen mit sehr kleinen (VS) und kleinen Einschlüssen (SI) empfehlen.

Viertes C – „Cut“: Welche Schliffqualität sollte ein zertifizierter Brillant aufweisen?

Die Schliffqualität eines Diamanten ist heute genauso wichtig wie seine Farbe und Reinheit. Im Fall der Vermögenssicherung sollten hier keinerlei Kompromisse gemacht werden. So müssen alle drei Schliffkriterien jeweils die Beurteilung „Excellent“ aufweisen. Das gilt insgesamt für die Schliffqualität („Cut Grade“), genauso wie für die handwerkliche Ausführung („Polish“) wie auch für die Proportionen des Diamanten („Symmetry“). „Very Good“ oder gar „Good“ ist nicht gut genug.

Die FREIHERR DIAMONDS Qualitäten für Wertanlagediamanten dunkel markiert:

Fünftes C: Welches Zertifikat sollte ein Diamant zur Vermögenssicherung haben?

Zu jedem Diamanten ist ein unabhängiges Zertifikat („Certi-

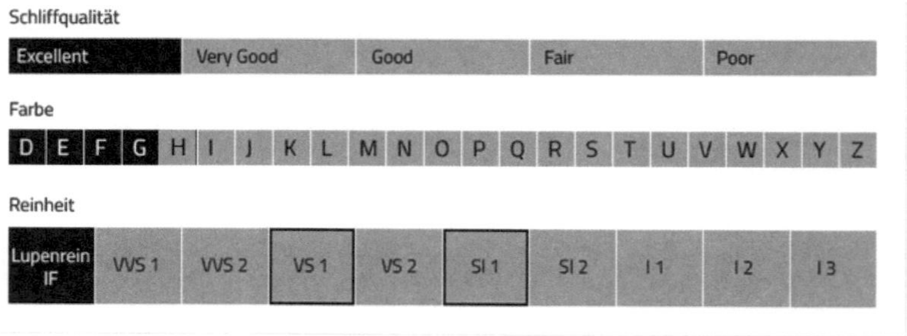

ficate“) ein absolutes Muss. Es ist quasi der Pass eines Diamanten. Zur Vermögenssicherung geeignete Brillanten müssen über ein seriöses und international akzeptiertes Zertifikat verfügen, auf dem die preisbestimmenden Merkmale des Steins und seine Identität dokumentiert sind. Weltweit verfügen die Zertifikate des renommierten „Gemological Institute of America (GIA)" über die höchste Akzeptanz und Reputation. In Europa gilt das Zertifikate des „Hoge Raad Voor Diamant" (HRD) aus Antwerpen/ Belgien als angesehen, hat aber an den großen Diamantmärkten in den USA und Asien nur eine sehr eingeschränkte Bedeutung. Die Qualität des Zertifikats ist für den Kaufpreis ebenso entscheidend wie für einen späteren Wiederverkauf. Preisvergleiche sind nur bei Diamanten gleicher Zertifikate mit gleichen Qualitätsbefunden sinnvoll.

Worauf ist außer den 5C unbedingt noch zu achten?

Zu weiteren preisbestimmenden Merkmalen haben sich die folgenden Punkte entwickelt:

- Fluoreszenz („Fluorescence") weist auf die Anwesenheit von Gasen bei der Entstehung von Diamanten hin. Perfekt ist hier die Beurteilung „None", wohingegen bei „Strong" Preisabschläge von mehr als 10% erfolgen können.
- Unter „Comments" sollten - außer bei lupenreinen Steinen „Minor details of polish are not shown" - keine weiteren Einträge zu finden sein, wie z.B. „Surface graining" etc.
- Das Ausstellungsdatum der Expertise sollte beim Kauf nicht älter als max. ein Jahr zurückliegen.
- Ab Frühjahr 2014 ist beim Kauf darauf zu achten, dass nur noch GIA-Zertifikate in dem neuen Design erworben werden.

Wie ist sichergestellt, dass der Diamant und seine Expertise zusammengehören?

Zur Vermögenssicherung sollten nur Diamanten mit einer GIA-Expertise erworben werden, deren Nummer zusammen mit dem GIA-Logo per Laser hauchdünn auf dem Stein eingraviert ist. Damit wird die Identität des Diamanten nachvollziehbar, so dass die Qualitätsmerkmale bei GIA auch ohne Vorliegen des Zertifikats nachvollzogen werden können. Darüber hinaus können Sie online die Echtheit Ihres Zertifikates selbst überprüfen.

IN WELCHE DIAMANTEN INVESTIERE ICH AM BESTEN?

Welche Diamanten sind zur Wertsicherung geeignet?

Der mögliche Erwerb von Diamanten zur Sicherung des Vermögens setzt ein liquides Kapital von mindestens € 5.000.- voraus, um hinsichtlich Qualität und Größe die Grundanforderungen zu erfüllen, die an für zur Vermögenssicherung geeignete Diamanten zu stellen sind. Die entspricht etwa einem Halbkaräter in der allerhöchsten Qualität. Die wichtigsten Merkmale einer Eignung von Diamanten zur Vermögenssicherung sind hier zusammengestellt.

Welche Formen und Qualitäten eignen sich besonders zur Vermögenssicherung?

Nach unserer jahrzehntelangen Erfahrung eignen sich überdurchschnittliche Qualitäten besonders für eine nachhaltige Vermögenssicherung: Das Beste behält immer seinen Wert. Das gilt sowohl für die Farben (Colour) des Diamanten wie auch für seine Reinheiten (Clarity). Die geeigneten Diamanten sollten im Brillantschliff ausgeführt sein (ein runder Schliff mit 56 Facetten). Er ist der Klassiker unter den Diamantschliffen und mit einem Anteil von mehr als 95% am weitesten verbreitet. Für ihn gelten die detailliertesten Richtlinien zur Qualitätsbestimmung. Dieser Schliff ist der am höchsten bewertete unter den traditionellen Formen. Ebenso wichtig ist, dass die Brillanten „Excellent" geschliffen sind.

Ist es sinnvoll in Raritäten zu investieren?

Als Raritäten gelten sowohl sehr große Diamanten wie auch Diamanten in natürlichen Phantasiefarben. Für Diamanten in sehr intensiven Farben, wie rot, blau und gelb werden Liebhaberpreise bezahlt, die deutlich über denen der farblosen Diamanten liegen. Die Schliffform spielt hier eine untergeordnete Rolle. Zur Sicherung des Vermögens kommen solche Steine nur in voluminösen Portfolios in Betracht. Die Fungibilität ist wie bei allen Liebhaberstücken eingeschränkt.

Macht eine Anlage in Rohdiamanten Sinn?

Der Markt für Rohdiamanten funktioniert nach anderen Gesetzmäßigkeiten als der für geschliffene. Von Einzelsteinen ab 10 Karat abgesehen werden Rohdiamanten in größeren Gebinden verkauft (Partien, Parcels). Detaillierte Zertifikate über die Qualitätseigenschaften wie bei geschliffenen Diamanten gibt es nicht. Die Wertermittlung ist daher subjektiv. Die Beimischung von Rohdiamanten in Diamant Portfolios von großem Umfang kann unter bestimmten Voraussetzungen aber durchaus sinnvoll sein.

WORAUF BEIM DIAMANTKAUF ZU ACHTEN IST

Was ist beim Kauf von Diamanten zur Vermögenssicherung zu beachten?

Diamanten können einen wichtigen Beitrag als ergänzende Kapitalanlage zur Sicherung von Vermögenswerten leisten, wenn einige grundlegende Kriterien beachtet werden. Ohne den Anspruch auf Vollständigkeit zu stellen, sind hier einige wesentliche Gesichtspunkte zusammengeführt worden.

Wie kauft man Diamanten vorteilhaft ein?

Der Kauf von Diamanten zur Vermögenssicherung ist nur sinnvoll, wenn die Bezugsquelle möglichst nah an den internationalen Beschaffungsmärkten („Börsen") liegt. Wenn Diamanten bereits die Schmuckverarbeitung erreicht haben, sind sie wegen der anfallenden Handelsmargen zur Sicherung von Vermögen weniger geeignet. Vermögenssicherung ist nur gegeben, wenn der Gegenwert des eingesetzten Kapitals möglichst groß ist und mögliche Wertzuwächse bei Diamanten diese Handelsspannen schnell kompensieren können. Im Falle eines Wiederverkaufes sind gute Erlöse nur durch vorteilhafte Einkaufspreise zu erzielen.

Wann macht der Erwerb von mehreren Diamanten Sinn?

In Abhängigkeit von der Höhe des zur Verfügung stehenden Kapitals für den Erwerb von Diamanten zur Vermögenssicherung kann der Aufbau eines Diamant-Portfolios sinnvoll sein, um bei unterschiedlichen Bedarfsfällen eine optimale Verwertbarkeit zu erreichen. Dabei geht es um eine Zusammenstellung von Diamanten unterschiedlicher Größe und Qualität, um bei differenzierten Marktentwicklungen adäquat aufgestellt zu sein. Bei sehr großen Diamant-Portfolios kommen auch besondere Einzelsteine und Positionen von Rohdiamanten in Betracht. Die Zusammenstellung sollte umso individueller auf die Bedürfnisse des Käufers zugeschnitten sein, je größer das Diamant-Portfolio angelegt ist.

Warum sind die Handelsmargen bei Diamanten höher als bei Aktienhändlern?

Der Diamantenhandel ist nach wie vor ein rein physisches Geschäft, in dem die Steine noch von Hand zu Hand gehen. Das Geschäft der Aktienhändler dagegen ist ein rein virtuelles Geschäft, bei dem die physische Aktie nicht mehr bewegt wird, sondern nur ihr Wert am Computer. In den Handelsmargen der Diamanthändler sind die Beschaffungskosten an den internationalen Diamantmärkten, die Kosten der Zertifikate, die Transport- und Versicherungskosten, die Einfuhrabgaben und das Zoll-Handling ebenso wie die Qualitätskontrolle im Vier-Augen-Prinzip inbegriffen.

Welche Rolle spielen Wechselkurse beim Diamantenkauf?

Die Leitwährung bei Diamanten ist wie bei fast allen Rohstoffen der US-Dollar. So ist beim Kauf von Diamanten zur Vermögenssicherung auch die Parität des Euro zum aktuellen US$ zu berücksichtigen.

Ist der Erwerb von Diamanten mehrwertsteuerpflichtig?

Der Verkauf von Diamanten ist (wie z.B. auch bei Platin und Silber) umsatzsteuerpflichtig und beträgt in Deutschland 19% und in Österreich 20%. Länder mit niedrigeren Mehrwertsteuersätzen sind z.B. Luxemburg 17%, Schweiz 8%, Japan 5%, Dubai 0%. Auch in den USA liegen die Umsatzsteuersätze je nach Bundesstaat nur zwischen 0 und 11,5%. Angeboten werden auch die Möglichkeiten einer mehrwertsteuerfreien Lagerung in der Schweiz, Singapur oder Hongkong.

Worauf ist bei der Auswahl der Lieferanten zu achten?

Ein Lieferant von Diamanten zur Vermögenssicherung sollte selbst direkte Zugänge zu den internationalen Beschaffungsmärkten haben, um weitere Handelsspannen zu vermeiden. Er sollte dort über langjährige, erfolgreiche Erfahrungen verfügen und in der Lage sein, Transparenz über die Marktsituation vermitteln zu können. Eine langjährige Firmenhistorie als ausgewiesener Diamanthändler wirkt vertrauenswürdig, ebenso wie eine Mitgliedschaft in Diamantbörsen, die einem strengen Ehrenkodex unterliegt. Der unmittelbare Zugang zu den Diamantmärkten ist auch die Voraussetzung für einen günstigen Wiederverkauf zu einem späteren Zeitpunkt der Liquidation.

Wie schütze ich mich vor dem Erwerb von „Blutdiamanten"?

Um den Verkauf und die Verarbeitung von Diamanten zu unterbinden, die aus dubiosen Quellen stammen und zur Finanzierung von Bürgerkriegen genutzt werden („Blood Diamonds"), haben sich Regierungen, die Diamantindustrie und zivile Organisationen in dem sog. „Kimberley Process" zur Zertifizierung von konfliktfreien Diamanten zusammengeschlossen. Ihm gehören 74 Länder plus die Staaten der EU an. Mit jedem Kauf von Diamanten sollten Sie eine Bestätigung des Verkäufers erhalten, dass es sich bei den jeweiligen Steinen um konfliktfreie Diamanten handelt, die in Übereinstimmung mit den entsprechenden UN-Resolutionen stehen.

Worauf ist bei der Kaufabwicklung zu achten?

Der Kauf von Diamanten zur Vermögenssicherung sollte schon aus Sicherheitsgründen so diskret wie möglich ablaufen. Ebenso sollte beachtet werden, dass die Lieferung vollständig versichert erfolgt. Wichtig ist, dass der Liefertermin mit dem Käufer individuell abgestimmt wird.

Worauf ist für den Fall des Wiederverkaufs zu achten?

Wenn Investments wieder zu Geld gemacht werden sollen, kommt die Stunde der Wahrheit. Daher sollte bereits für den Fall der Veräußerung von gekauften Diamanten bereits beim Kauf darauf geachtet werden, dass der Verkäufer in der Lage ist, den Wiederverkauf seriös abzuwickeln und einen reellen Preis zu erzielen. Dazu muss er über direkte Zugänge zu den internationalen Absatzmärkten verfügen, damit eine zeitnahe und profitable Liquidation gewährleistet ist. Bis entsprechende Börsenportale als Plattform zwischen kaufenden und verkaufenden Anlegern entstanden sind, sollte es die Aufgabe des Diamanthändlers sein, den Wiederverkauf vertrauenswürdig und profitabel abzuwickeln.

Welche Faktoren bestimmen die Bildung der Diamantpreise?

Die Preise für Rohdiamanten werden von großen Oligopolisten und Minengesellschaften bestimmt, die an langfristig steigendem Wert ihrer Förderungen interessiert sind. Auf dem Markt für geschliffene Steine ist immer noch die physische Nachfrage der Schmuckbranche preisbildend.

WELCHE FEHLER SIE BEIM DIAMANTENKAUF VERMEIDEN SOLLTEN

Sind Diamanten zur kurzfristigen Spekulation geeignet?

Ein klares NEIN. Diamanten sind nur für einen mittel- bis langfristigen Anlagezeitraum geeignet. Wer durch schnellen An- und Verkauf in kurzer Zeit spekulative Gewinne erzielen möchte, ist bei Diamanten falsch.

Sind synthetisch hergestellte Diamanten als Wertanlage geeignet?

Ein deutliches NEIN. Aufgrund großer Fortschritte in der technischen Entwicklung ist es heute möglich, den Entstehungsprozess von Diamanten nachzubilden und sog. „synthetische Diamanten" kostengünstig herzustellen. Auch wenn es sich hierbei mineralogisch um Diamanten handelt und diese sogar in Schmuckqualitäten verfügbar sind, erfüllen sie nicht die Kriterien, die für eine Vermögenssicherung mit Diamanten notwendig sind. Die fast uneingeschränkte Produzierbarkeit und der damit zu erwartende Preisverfall von synthetischen Steinen steht im Gegensatz zu der Seltenheit natürlicher Diamanten in hohen Qualitäten. Zur Vermögenssicherung ebenfalls ungeeignet sind Diamanten, die ihrem Ursprung nach zwar natürlich sind, aber deren Qualität durch technische Eingriffe künstlich verbessert wurde. In seriösen Zertifikaten werden diese Veränderungen explizit genannt.

Sollte man Diamanten am Telefon kaufen?

Von einem Kauf von Diamanten am Telefon ist abzuraten, wenn nicht vorher entsprechende Informationen über die vertreibende Firma eingeholt worden sind. In der Vergangenheit hat es immer wieder Fälle von dubiosen, teilweise kriminellen „Anlageberatern“ gegeben, die mit haltlosen Versprechungen hinsichtlich Renditen, Wertzuwachs, Raritäten, Qualitäten, etc. telefonisch akquiriert haben. Ebenfalls sind am Telefon nicht die Allgemeinen Geschäftsbedingungen einzusehen.

Taugen private Zertifikate zur Vermögenssicherung?

Selbst wenn die Qualitätsbestimmung (Graduierung) der preisrelevanten Merkmale eines Diamanten seriös vorgenommen und auf einem Zertifikat dokumentiert ist, erfüllen Diamanten mit Zertifikaten von privaten Anbietern nicht die Voraussetzungen für eine Eignung zur Vermögenssicherung, da sie im Falle eines Wiederverkaufs ohne Bedeutung sind. Das kann sogar auf seriöse nationale Institute zutreffen, die außerhalb des jeweiligen Landes über keine Marktgeltung verfügen.

Was ist von eingeschweißten Diamanten zu halten?

Zum Teil werden Diamanten in Plastik-Chips („Blister“) eingeschweißt, was auf den ersten Blick einen zweckmäßigen Eindruck macht. Es ist wichtig zu wissen, dass mit Öffnen dieser Verpackung die Gewährleistung für den Inhalt erlischt. Aufgrund von negativen Vorkommnissen in der Vergangenheit (Falsifikate, Verwechslung, etc.) werden Diamanten unter Profis fast ausschließlich in offenem Zustand gehandelt, der eine jederzeitige Nachprüfbarkeit ermöglicht. Die Echtheit des Diamanten und seine zugesicherten Eigenschaften sind in eingeschweißtem Zustand nicht nachprüfbar!

Was ist bei Überlassung meines Diamanten in dritte Händen zu beachten?

Das Überlassen von losen Diamanten an unbekannte Dritte ohne erkennbare Reputation, z. B. zur Schmuckverarbeitung, Wertschätzung oder nochmaligen Graduierung, empfiehlt sich wegen der Gefahr des Vertauschens nicht. Stellen Sie sicher, dass bei einer Schmuckverarbeitung nach Möglichkeit der Lasercode auf dem Stein mit der Nummer des Zertifikates noch erkennbar ist.

DIE RECHTLICHEN UND STEUERLICHEN ASPEKTE BEIM DIAMANTENKAUF

Sind Diamanten mehrwertsteuerpflichtig?

Wie bei Platin oder Silber unterliegt auch der physische Besitz von Diamanten der Umsatzbesteuerung. Daher sind wir dazu verpflichtet, auf unsere Diamanten die Mehrwertsteuer aufzuschlagen, wenn eine Belieferung in die Mitgliedsstaaten der Europäischen Gemeinschaft erfolgt. Die Höhe der Mehrwertsteuer richtet sich dabei nach dem Wohnsitz und/oder der Lieferanschrift des Bestellers (z.B. Luxemburg 17%, Deutschland 19%, Österreich 20%, Belgien 21%). Bei Lieferung in die Schweiz und andere nicht EU-Länder wird als Exportpreis nur der Netto-Warenwert (also ohne Mehrwertsteuer) berechnet. Die Einfuhrsteuer wird dann bei der Ankunft im Zielland in der dortigen Höhe erhoben (z.B. Schweiz 8%).

Gibt es Möglichkeiten der mehrwertsteuerfreien Lagerung?

FREIHERR DIAMONDS bietet auch die Möglichkeit einer mehrwertsteuerfreien Lagerung der bei uns erworbenen Diamanten in Antwerpen, der Schweiz, und weiteren Ländern an.

Ist ein anonymer Diamantenkauf möglich?

Erwerb, Besitz und Verkauf von Diamanten unterliegen keiner behördlichen Meldepflicht. FREIHERR DIAMONDS bietet sog.

„Tafelgeschäfte" an, bei dem der Käufer bis zu einem Kaufpreis von € 9.999.- anonym bleiben kann und sich nicht identifizieren muss. Diese Möglichkeit des anonymen Kaufs ist pro Haushalt auf einmal jährlich beschränkt. Nach dem Geldwäsche-Gesetz (GwG) ist bei einer Kaufsumme von über € 10.000.- die Identität des Käufers festzustellen.

Sind Gewinne aus der Wertsteigerung von Diamanten steuerfrei?

Ja, unter folgender Voraussetzung: Nach § 23 EStG sind Veräußerungsgeschäfte bei anderen Wirtschaftsgütern, zu denen auch Diamanten gehören, nur der Steuer unterworfen, wenn der Zeitraum zwischen Anschaffung und Veräußerung nicht mehr als ein Jahr beträgt. Daher ist nach Ablauf eines Jahres zwischen Anschaffung und Veräußerung der Verkauf und der daraus erzielte Gewinn steuerfrei. (Ausnahme: Das gilt nicht, wenn der Verkauf im Rahmen einer anderen Einkunftsart, insbesondere im Rahmen einer gewerblichen Betätigung erfolgt.)

Was habe ich bei einem Import zu beachten?

Eigentlich nichts, wenn Sie in der EU wohnen. Auch sonst sollte der Verkäufer alle Einfuhr-Formalitäten für Sie erledigen: keine Anmeldung beim Zoll, keine Entrichtung der Einfuhrumsatz-Steuer. Wir liefern die bestellten Diamanten per versicherten Werttransport direkt an die gewünschte Anschrift.

DER DIAMANTMARKT UND DIE WEITEREN AUSSICHTEN

Diamanten rücken zunehmend in den Fokus als krisenfester Sachwert und haben sich zur Vermögenssicherung und Diversifikation in Anlageportfolios längst etabliert. Diamanten weisen eine geringe Korrelation zu anderen Anlageklassen auf und sind in ihrer Wertentwicklung unabhängig von Aktienmärkten, Banken und Staatshaushalten. Das Oligopol der fördernden Unternehmen sorgt für stabile Preise.

Glänzende Aussichten 2020

In einer vielbeachten Studie der renommierten Beratungsgesellschaft Bain & Co wird für den Zeitraum ab 2015-2020 festgestellt, dass die steigende Nachfrage nach Diamanten aus den asiatischen Märkten das Angebot an Rohdiamanten deutlich übertreffen wird. Das dürfte zwangsläufig zu höheren Diamantpreisen führen.

Vorkommen

Traditionell galt Südafrika als das größte Förderland von Diamanten. Durch neue Funde und Ausweitung von bestehenden Förderungen in anderen Teilen der Welt hat Südafrika in den letzten Jahrzehnten seine Vormachtstellung eingebüßt und nimmt derzeit nur noch Platz 5 der weltweiten Produktion ein. Heute steht Russland an der Spitze der Diamant produzierenden Länder, mit einem Anteil von wertmäßig 27 %, gefolgt von Kanada

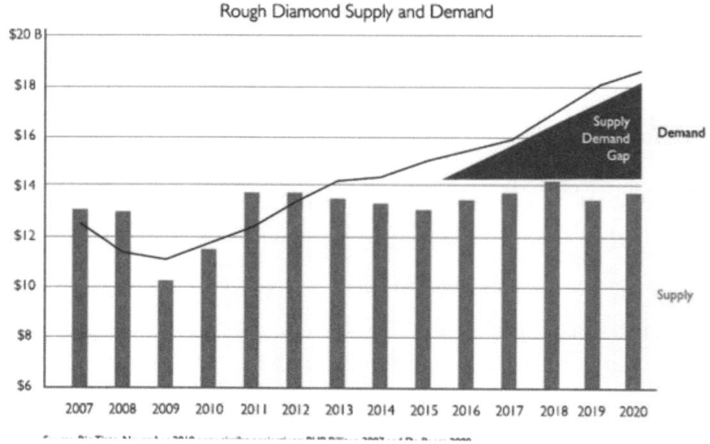

(17 %), Botswana (17 %) und Angola (14 %).

Angebot

Nach der Förderung werden die Rohdiamanten an den maßgeblichen internationalen Börsen (Antwerpen, Mumbai, New York, Tel Aviv) angeboten. Im Laufe der letzten Jahrzehnte hat sich Antwerpen mit einem Anteil von 75% als der Hauptumschlagsplatz für Rohdiamanten erwiesen. Auf direktem Wege oder über Großhändler an den Börsen erreichen die Minenproduktionen die Diamantschleifereien. Diese sind heute vornehmlich in den asiatischen Ländern zu finden: Allein in Indien werden ca. 750.000 Diamantschleifer beschäftigt, auch in China sind erhebliche Schleifkapazitäten aufgebaut worden. Die wenigsten der weltweit mehr als 1 Mio. Schleifer werden noch in Europa zu finden sein.

Nachfrage

Aus den Schleifzentren werden die geschliffenen Diamanten wieder über die maßgeblichen Börsen vertrieben. Im Bereich der „Polished Diamonds“ dürfte Mumbai heute sowohl wert- als auch mengenmäßig die Spitzenposition einnehmen. Weltweit werden jährlich für ca. US$ 72 Mrd. Diamantschmuck verkauft. Die USA haben dabei einen Weltmarktanteil von ca. 40 %, gefolgt von China, Japan und Indien. Beim Umsatz von Diamantschmuck spielt Deutschland mit einem Weltmarktanteil von unter 1 % nur eine untergeordnete Rolle.

WERTSCHÖPFUNGSKETTE BEI DIAMANTEN

Auf seinem Weg von der Mine bis hin zum finalen Markt steigt der Wert eines Diamanten beträchtlich und erreicht letztlich nahezu das Fünffache seines Ausgangswertes. Vorteilhaft kaufen

Sie Diamanten direkt nach dem Schleifprozess frisch zertifiziert direkt ab Schleiferei über einen renommierten Diamantexperten ein, der über diese internationalen Zugangswege verfügt.

Diamanten als Wertanlage – Wie erhalte ich die richtige Zusammensetzung

Physische Diamanten-Portfolios sind die Antwort auf Fondskonstrukte, Finanzinstrumente oder vermögensverwaltende Investmentlösungen. Uneingeschränkter Eigentümer, persönlicher Besitz, keine Abhängigkeit zu Fondsmanagern.

Die FREIHERR Portfolios sind ein strategischer Mix aus speziell zur Vermögenssicherung ausgesuchten und geeigneten Diamanten in den höchsten Qualitäten, die ausschließlich den strengen Qualitätskriterien entsprechen müssen. Passend zu Anlagesumme und Anlageziel erhalten Kunden die optimale Zusammensetzung verschiedener Größen und Qualitäten zur gezielten Diversifikation.

Es stehen verschiedene Portfoliostrategien zur Auswahl. Der Mindestanlagebetrag für ein Diamantenportfolio sollte Euro/USD 50.000 betragen. In jedem Fall erfolgt die Zusammenstellung individuell abgestimmt auf die jeweiligen Kundebedürfnisse.

Ihr Kontakt zu Freiherr Diamonds

Anschrift:

FREIHERR GmbH

THE SQUAIRE 12

60549 Frankfurt am Main, Germany

Telefon: +49 (0)69 678 306 140

Telefax: +49 (0)69 678 306 149

info@freiherr-diamonds.com

www.freiherr-diamonds.com

Ansprechpartner:
Katja Herrmann und Dr. Ulrich Freiesleben

7

Value Investing: Investieren mit geringem Risiko

Das eigene Kapital geschickt anzulegen und dauerhaft zu vermehren ist auf verschiedene Arten möglich. Eine der bekanntesten und dennoch aktuell nur wenig genutzten Möglichkeiten ist das sogenannte Value Investment. Diese Anlageform wurde vor allem durch Warren Buffet, einen der reichsten Investoren der Welt bekannt, welcher durch diese Anlageform sein eigenes Vermögen zu einem großen Teil aufgebaut hat. Beim Value Investment kommt es vor allem darauf an Aktien und Investitionsmöglichkeiten zu finden, deren aktueller Firmenwert nicht von dem Aktienwert überboten, sondern unterboten wird. Eine langfristige Kurssteigerung der Aktien ist somit zu erwarten wodurch gute und sichere Rendite erzielt werden können. Es gibt viele Faktoren, die beim Value Investing eine Rolle spielen können. Wir zeigen dir im folgenden Kapitel, nach welchen Kriterien das Value Investment funktioniert, welche theoretischen Grundlagen hinter diesem Prinzip stecken und wie du selber ins Value Investment einsteigen kannst. Dank einer einfachen und übersichtlichen Schritt-für-Schritt-Anleitung kannst du dich umfassend mit dem Thema auseinandersetzen und anschließend anhand transparenter und einfach zu erhaltender Informationen dein eigenes Value Investment aufbauen und verwalten.

VALUE INVESTING: WAS IST DAS ÜBERHAUPT?

Die Theorie hinter dem Value Investment besagt, dass der Markt an sich ineffizient ist und somit die einzelnen Aktien der Börse oftmals über oder unter ihrem eigentlichen Wert gehandelt werden. Die Differenz zwischen dem inneren Wert der Aktien und deren realem Wert kann dabei so stark voneinander abweichen, dass sich somit profitable Kapitalanlage-Möglichkeiten ergeben. Der Erfinder des Value Investments, Benjamin Graham, hat hierzu den nicht real existierenden Mr. Market erfunden, welcher als Metapher des Ganzen dienen soll. Ein Beispiel für diese Ineffizienz des Marktes lässt sich durch Mr. Market sehr gut erklären.

Stell dir vor, dass du einen Anteil an einem Unternehmen in Höhe von 1.000 Euro hältst. Einer deiner Geschäftspartner ist der freundliche Mr. Market, der dir immer wieder erzählt, welchen Wert dein Unternehmensanteil aktuell haben sollte. Manchmal bietet er dir einen Preis, der vollständig über dem eigentlichen Wert deiner Anteile liegt und manchmal einen Preis, der unvorstellbar niedrig unterhalb des reellen Wertes angesiedelt ist. Das ist der aktuelle Aktienmarkt, welcher die Bewertung der Aktien und deren Kurse von vielen verschiedenen, oftmals nicht nachvollziehbaren Kriterien abhängig macht. Da du jedoch den realen Wert, also den inneren Wert deiner Anteile kennst, kannst du bei besonders attraktiven Angeboten von Mr. Market zuschlagen und ihn bei unsinnigen oder unpassenden Angeboten ignorieren.

Value Investing ist also der Kauf einer Aktie zu einem Wert, der unterhalb des inneren Wertes beziehungsweise unterhalb des kalkulierten Wertes der Aktie liegt. In Kombination mit der später noch genannten Sicherheitsmarge kannst du somit mit sehr geringem Risiko dein Kapital am Aktienmarkt investieren und musst dennoch keinen Geldverlust fürchten. Denn die Basis für den eigentlichen Wert der Aktie, das Unternehmen und dessen realer Gegenwert, wird von dir beim Value Investment stets bedacht und mit berechnet.

Es gibt viele Anleger, die zwar von sich behaupten ein Value Investment zu betreiben, dabei aber viele der elementaren Grundelemente des Value Investments außer Acht lassen. So konzentrieren sich solche Investoren oftmals nur auf die relativen Preise der Aktien. Das bedeutet, die Kauf- und Investitionsentscheidungen basieren nicht auf den einzelnen Daten des eigentlichen Unternehmens, sondern vor allem auf den Bewertungen des Aktienmarktes für Unternehmen aus derselben Branche. Oder die Investoren lassen sich vom allgemeinen Markt-KGV (Kurs-Gewinn-Verhältnis), bei welchem die Gewinne aller beteiligten Unternehmen bewertet werden. Somit werden solche Aktien in Betracht gezogen, die in Relation zu Vergleichsaktien aus der gleichen Branche als besonders günstig oder rentabel angesehen werden. Da diese Aktien nichts mit dem eigentlichen Unternehmen zu tun haben und somit nur einen minimalen Einfluss auf die Aktienentwicklung des Unternehmens nehmen können, spielen diese für Anleger kaum eine Rolle. Ein solches Investment wird zwar gerne als Value Investment verkauft, ist aber nur ein maskiertes Risiko-Investment ohne feste und dauerhaft sichere Erfolgsgrundlage. Beim Value Investment geht es um eine gesunde Fundamentalanalyse und nicht um arithmetische Vergleiche mit ähnlichen Aktien und Optionen.

VERSCHIEDENE VARIATIONEN IN DER DEFINITION BEIM VALUE INVESTING

Der Wert eines Unternehmens dient als Grundlage des Value Investments. Sowohl Benjamin Graham als auch anfänglich Warren Buffet haben sich stets am inneren Wert des Unternehmens orientiert und diesen als alleinige Basis für ihre Investitionsentscheidungen angesehen. Diese Form des Investments behält auch heute noch ihre Gültigkeit und kann von dir genutzt werden, um ein effektives und entspanntes Investment zu realisieren. Im Verlauf seiner Karriere hat Warren Buffet allerdings seinen Modus Operandi verändert und somit auf Änderungen am Markt reagiert. Neben dem eigentlichen Wert des Unternehmens hat er im Lauf seiner Karriere auch das Wachstumspotential eines Unternehmens mit in seine Berechnungen aufgenommen. Somit verschob sich der Schwerpunkt weiter vom reinen Wert des Unternehmens weg hin zu den vorhandenen Wachstumsprognosen. Wie du bereits erkennen kannst, hat sich Warren Buffet hiermit für eine Variante mit mehr Risiko entschieden, welche jedoch einen großen Vorteil mit sich brachte. Denn durch eine solche Orientierung muss sich der Investor kaum noch darum kümmern seine Aktienbeständige zu verkaufen, sondern kann durch das Halten der Aktien auch über einen sehr langen Zeitraum hinweg hohe Gewinne realisieren. Er fasste dies in einem Brief an seine Aktionäre aus dem Jahr 1998 deutlich zusammen:

„Wenn wir Anteile an außergewöhnlichen Unternehmen mit sehr gutem Management halten, dann ist unsere optimale Halteperiode der Anteile für immer. Wir bilden somit das genaue Gegenteil zu den Anlegern, welche nur auf schnelle Gewinne aus sind und welche somit kurzfristig verkaufen möchten, sobald sich ein Unternehmen positiv entwickelt. Das Gegenteil von solchen Aktionären, welche mit hohem Starrsinn die Aktien von Unternehmen halten, welche aktuell enttäuschen und welche vom Markt zuvor gut bewertet wurden."

Für dich, als Beginner im Bereich des Value Investments hingegen sollte der Wert eines Unternehmens immer die Basis für jede Kaufentscheidung sein. Erst wenn das eigene Kapital hoch genug ist, dass du dir ein gewisses Risiko in deinen Anlagestrategien zutraust, solltest du Warren Buffet nacheifern.

DER WERT EINES UNTERNEHMENS UND EINER AKTIE

Der Kern beim Value Investment ist also der innere Wert eines Unternehmens in Relation zum aktuellen Wert seiner Aktie. Das bedeutet für dich, dass du dein Kapital ausschließlich in Aktien anlegen solltest, welche deutlich unterbewertet sind. Der Wert der Aktien sollte also möglichst weit unterhalb des inneren Wertes eines Unternehmens liegen, damit sich möglichst große Erfolgsaussichten ergeben. Dabei spielen viele verschiedene Faktoren und Berechnungsgrundlagen eine Rolle, welche wir dir im späteren Verlauf des Kapitels noch weiter erläutern. Anhand dieser unterschiedlichen Bewertungen zwischen offiziellem Aktienkurs und dem reellen Wert eines Unternehmens kannst du die Chancen für ein Investment anhand harter und nachprüfbarer Kriterien bewerten und somit nach klaren und einheitlichen Regeln agieren. Du benötigst für das Value Investing somit weder eine besondere Erfahrung noch eine spezielle Aus- oder Weiterbildung, sondern kannst diese Form des Investments in deine Anlagestrategie einfach und unkompliziert mit aufnehmen. Durch das Value Investment kannst du zwar keine riesigen und durch Hypes erzeugten Kursgewinnen erwarten, welche eine entsprechend riesige Rendite abwerfen, musst dafür aber auch nur sehr wenig Angst um dein Kapital und deine Gewinne haben. Da der innere Wert der Unternehmen dem Aktienwert immer gegenübersteht, kannst du beruhigt und mit hoher Sicherheit investieren. Wir zeigen dir in diesem Kapitel, mit welcher Strategie du das Value Investment am besten lernen und direkt umsetzen kannst.

DAS WACHSTUMSPOTENZIAL EINER AKTIE

Das Wachstumspotenzial einer Aktie ist der Wert, welcher von Warren Buffet in seinen späteren Jahren viel stärker in den Fokus gerückt wurde. Durch die Investition in hochwertige und nachhaltig agierende Unternehmen mit enorm starken Wettbewerbsvorteilen kann ebenfalls ein Vorteil geschaffen werden, welcher in Teilen von den Vorzügen des Value Investments profitiert und ähnliche Berechnungsgrundlagen verfolgt. Auch hier erfolgt die Kalkulation des Risikos anhand klar definierter Bewertungskriterien und exakter Zahlen. Das Risiko steigt zwar im Gegensatz zum reinen Value Investment in Teilen deutlich an, doch auch die zu erwartenden Renditen können sich oftmals sehen lassen. Hinzu kommt, dass solche Investitionen dauerhaft angelegt sind und praktisch für immer steigende Gewinne versprechen.

DIE SICHERHEITSMARGE: WICHTIGER FAKTOR BEIM VALUE INVESTING

Die sogenannte Sicherheitsmarge spielt beim Value Investing eine sehr wichtige und entscheidende Rolle. Wie der Name es bereits vermuten lässt, sorgt diese Marge für die Sicherheit deiner Investitionen und verhindert, dass unvorhergesehene Ereignisse oder auch Fehlkalkulationen deinerseits zu Problemen führen oder im schlimmsten Fall dein Kapital verbrennen. Beim Value Investment wird nur dann in eine Aktie investiert, wenn diese deutlich unterhalb des inneren Wertes eines Unternehmens gehandelt wird. Dieser Unterschied zwischen realem Wert und Aktienkurs ist deine Sicherheitsmarge. Je tiefer der Kaufpreis der Aktie unter dem inneren Wert eines Unternehmens, umso größer ist dein Sicherheitspuffer und umso geringer das Risiko mit der Geldanlage Kapital zu verlieren. Hinzu kommt, dass eine hohe Sicherheitsmarge noch einen weiteren Vorteil mit sich bringt. Denn je niedriger der Kaufpreis in Relation zum inneren Wert des Unternehmens, umso größer die Chance auf eine sehr hohe und überdurchschnittliche Anlagerendite für deine Investition. Beim Value Investment geht es somit darum, eine Aktie mit einem möglichst geringen Börsenkurs in Relation zum realen Wert des Unternehmens zu finden und mit dieser eine hohe Wertschöpfung zu generieren. Aus diesem Grund ist das Value Investment zwar eine konservative Anlagestrategie mit hoher Sicherheit und geringem Risiko, kann aber dennoch genutzt werden, um hohe Renditen zu erzielen und somit das Kapital nachhaltig zu vermehren.

INTELLIGENTE KAPITALANLAGE MIT STARK BEGRENZTEM RISIKO

Grundsätzlich muss zunächst einmal gesagt werden, dass keine Anlageform vollständig ohne Risiko auskommt. Geldanlagen in Immobilien können einem Preisverfall zum Opfer fallen, Edelmetalle können im Kurs abrutschen und auch Aktien können überraschend und deutlich an Wert verlieren. Aus diesem Grund wird das Risiko bei allen Anlageformen in der Regel gestreut, um eine gewisse Grundsicherheit zu erhalten. Das Value Investment stellt hierbei keine Ausnahme da, auch wenn hier das grundsätzliche Verlust-Risiko bereits weitestgehend minimiert wird. Doch warum ist das Risiko beim Value Investment so gering? Das lässt sich sehr einfach beantworten.

Zum einen spielt die Sicherheitsmarge eine wichtige Rolle. Diese federt Fehlkalkulationen und menschliche Fehlentscheidungen ab und sorgt für einen gewissen Puffer, welcher deine Einlage und dein Anlagevermögen schützt. Zum anderen steht dem Wert der Aktie immer der eigentliche innere Wert des Unternehmens gegenüber. Selbst kurzfristige Einbrüche einer Aktie werden durch ein gesundes und entsprechend gut aufgestelltes Unternehmen in der Regel sehr gut abgefedert und aufgefangen. Natürlich kann es auch beim Value Investment zu Kursstürzen und Aktien-Einbrüchen kommen, doch gleichen sich diese in der Regel langfristig problemlos aus. Du musst also nicht dauerhaft den Kurs deiner Aktien im Auge behalten, sondern solltest sogar die notwendige Ruhe besitzen, um dich von solchen Kursbewegungen nicht aus der Ruhe bringen zu lassen. Im Endeffekt ist das Value Investing eine langfristige Kapitalanlage, welche erst durch die lange Dauer der Investition eine enorm hohe Rendite abwerfen kann. Denn verbessert sich der innere Wert eines Unternehmens, so steigt über kurz oder lang auch dessen Aktienkurs entsprechend an, was den Wert deiner Investitionen nachhaltig vergrößert. Im Gegensatz zu Risiko-Spekulationen steht immer der Wert des Unternehmens im Hintergrund, sodass du keine überbewerteten Aktien kaufen und an nicht mehr korrigierbaren Kursverlusten leiden musst. Ein gesundes Unternehmen korrigiert den eigenen Aktienkurs beinahe automatisch entsprechend des eigenen Wertes, sodass du diese Form der Kapitalanlage über einen langen Zeitraum relativ unbeachtet sich selbst überlassen kannst.

KLARE UNTERSCHIEDE ZWISCHEN VALUE INVESTING UND RISIKO-INVESTMENTS

Value Investments und Risiko-Investments unterscheiden sich deutlich, auch wenn beide theoretisch im gleichen Bereich aktiv sind. Denn beim Risiko-Investment geht es vor allem um die kurzfristigen Gewinne und die Mitnahme von Kurssprüngen, um in kürzester Zeit möglichst hohe Renditen zu erzielen. Das bedeutet für dich als Anleger allerdings auch, dass du ein sehr hohes Risiko fährst und deine Gewinne oder im schlimmsten Fall auch deine Investitionen verlieren kannst. Zudem musst du die Märkte sehr genau beobachten, musst aktuelle Trends lesen und beinahe vorausahnen können und in der Lage sein schnell auf Veränderungen zu reagieren. Ein solches Investment als normaler Anleger ist kaum zu betreiben und wird vor allem im privaten Bereich eher als sportliche Betätigung angesehen. Wenn du die Aktien über Banken und Finanzverwalter handeln lässt, kann dies zwar deine Chancen verbessern beim Risiko-Investment hohe Renditen zu erzielen, diese werden aber häufig durch die Kosten für diese Dienstleistungen wieder aufgefressen. Beim Value Investment hingegen nimmst du dir ausreichend Zeit für die Überprüfung der verschiedenen Investitionsmöglichkeiten und kannst das Risiko deiner Investition umfassend kalkulieren und somit minimieren. Hinzu kommt, dass du beim Value Investing nicht auf andere Personen oder Dienstleister angewiesen bist, sondern mit ein wenig Mathematik und gesundem Menschenverstand passende Investitionsmöglichkeiten finden kannst. Allerdings muss dir auch bewusst sein, dass du beim Value Investment keine enorm hohen Renditen zu erwarten hast, außer es gelingt dir mit viel Glück eine der Aktien zu erwischen, welche kurz nach deiner Investition stark anzieht und somit deine Rendite ins Unermessliche treiben kann. Solche Aktien sind zwar immer mal wieder dabei, doch nicht die Regel. Dennoch kannst du beim Value Investment eine stabile und vor allem recht sichere Rendite erzielen, welche deutlich oberhalb der verschiedenen Bankprodukte wie Tagesgeld- oder Festgeld-Konten anzusiedeln ist. Mit ausreichend Geduld und einem beständigen Investment kannst du somit dauerhaft dein Kapital vermehren und dir ein stabiles und gut verwaltetes Finanzpolster anlegen. Durch eine regelmäßige Überprüfung deiner Investments und deiner Rendite kannst du zusätzlich deine Investitionen steuern und somit langfristig für spürbare Gewinne Sorge tragen. Und das ohne von fremden Dienstleistungen und nicht genauer durchschaubaren Investitionslösungen mit hohem Risikopotential abhängig zu sein.

Der erste Schritt: Die Anlage in allen Belangen verstehen

Auch wenn der Begriff des Value Investments vielen Anlegern sowie vielen Laien ein Begriff ist, so wissen doch die meisten Menschen nichts Genaueres mit diesem Begriff anzufangen. Wenn du allerdings beginnen möchtest dich umfassend mit dieser Anlagestrategie zu beschäftigen, so musst du um die Vor- und Nachteile dieser Investmentform wissen und auch das Risiko abschätzen können. Mit den oben genannten Fakten bist du also in der Lage dir ein Bild vom Value Investing zu machen und dich tiefer mit der Materie zu beschäftigen. In den folgenden Schritten kannst du nun Schritt für Schritt die passenden Aktien für eine lohnende Investition finden, deren Wert und Chancen für dich berechnen und bei Bedarf die gewünschten Aktien zeichnen und somit in diese Werte investieren.

Der zweite Schritt: Asset Allocation und Risikomanagement: Wichtige Faktoren für den Erfolg

Die potentiell hohe Rendite bei Aktien hat natürlich auch eine Schattenseite. Das Risiko besteht darin, dass die Aktien sich nicht wie erwartet entwickeln und somit Geld verloren geht. Selbst beim Value Investing kann dir dies immer mal wieder passieren, denn selbst bei größter Vorsicht und bei der Nutzung aller möglichen Informationsquellen kann es zu statistischen Ausreißern kommen. Aus diesem Grund ist es wichtig, die sogenannte Asset Allocation im Auge zu behalten. Asset Allocation bedeutet, dass du die Aufteilung deines Kapitals planst und somit das Risiko deines Investments streust. Wenn du all dein Kapital in das Value Investment investierst, kannst du natürlich mit ein wenig Glück eine enorme Rendite erzielen und deinen Lebensabend gemütlich auf deiner eigenen Yacht verbringen. Doch Pech an der Börse, rasante Kursstürze und ähnliche Probleme können schnell dafür sorgen, dass du im Alter auf die Grundsicherung angewiesen bist. Diese negativen Auswirkungen sind beim Value Investing zwar eher unwahrscheinlich, doch immer noch möglich. Aus diesem Grund solltest du dein dir zur Verfügung stehendes Kapital sinnvoll aufteilen. So kannst du beispielsweise 20 Prozent deiner Investitionssumme ins relativ sichere Value Investing investieren, mit weiteren 20 Prozent deines Kapitals am eher volatilen Aktienmarkt mit hoher Rendite und hohem Risiko unterwegs sein und den Rest in Immobilien, Edelmetalle oder konventionelle Spar-Methoden investieren. Solange du nicht alles auf eine Karte setzt, kannst du deutlich ruhiger schlafen und vor allem auch viel entspannter investieren.

Um deine persönliche Asset Allocation zu definieren, solltest du zunächst zwei Fragen beantworten können:

1. Wie lange könntest du von deinem aktuellen Kapital leben, wenn kein weiteres Geld hereinkommen würde.
2. Wie risikofreudig bist du und wie gut könntest du damit umgehen, wenn beispielsweise eine Aktie 30% im Minus steht.

Je geringer dein Kapital und je geringer deine Risikobereitschaft, umso stärker solltest du bei der Asset Allocation auf sichere Anlagestrategien setzen. Bei durchschnittlicher Risikobereitschaft und ein wenig vorhandenem Investitionskapital legen die meisten Menschen maximal 25 Prozent des Kapitals im Value Investing an und setzen 50 Prozent des Kapitals in konventionelle Strategien mit geringer Rendite und hoher Sicherheit.

Der dritte Schritt: Die Suche nach potentiellen Aktien

Wenn du dich bisher nur wenig mit dem Thema Aktien als Investitionsmöglichkeit beschäftigt hast, so stellt sich zunächst die Frage, wo du überhaupt passende Aktien finden kannst. Natürlich kannst du dich in den verschiedenen Börsenblättern und auf den unterschiedlichen Fachseiten im Internet informieren, doch hier stellt sich schnell ein deutliches Problem heraus. Zum einen weißt du nur in den seltensten Fällen, wer diese Informationen herausgibt und welche Vorteile sich die Autoren und Redakteure von ihren Empfehlungen erwarten. Zum anderen werden auf solchen Seiten und in solchen Zeitschriften vor allem aktuelle Trends dargestellt, also Aktien, die bereits im Fokus stehen und somit eher dem volatilen Markt unterliegen. Du hingegen suchst nach den unauffälligen Perlen, welche sich für das Value Investment eignen und welche dir eine sichere und dauerhaft zuverlässige Rendite ermöglichen. Das bedeutet, dass du selber den Markt nach diesen Perlen durchsuchen musst.

Die einfachste Möglichkeit solche Aktien zu finden sind sogenannte Stock-Screener. Mit diesen kannst du den Aktienmarkt vorfiltern und dir somit erste Investitionsideen einholen, um die einzelnen Aktien später genauer zu bewerten und zu analysieren. Schließlich hast du nicht die Zeit jede einzelne Aktie auf dem Markt nach den weiter unten vorgestellten Methoden zu überprüfen und zu berechnen. Stock-Screener sind im Wesentlichen sehr große und aktuelle Datenbanken in denen ein Großteil der Aktien inklusive aller wichtigen Kenngrößen wie beispielsweise das Kurs-Gewinn-Verhältnis oder auch das Kurs-Buchwert-Verhältnis aufgelistet sind. Durch eingebaute Filter kannst du nun alle vorhandenen Aktien nach festgelegten Kriterien filtern lassen und somit die Auswahl deutlich begrenzen. Stock-Screener sind sowohl kostenfrei als auch kostenpflichtig nutzbar und bieten oftmals unterschiedliche Ansätze. Allerdings gibt es im deutschsprachigen Raum nur sehr wenige gute Stock-Screener, welche sich effektiv nutzen lassen. Es ist durchaus sinnvoll, wenn du dich mit den entsprechenden Fachbegriffen in englischer Sprache vertraut machst und anschließend die deutlich effizienteren englischsprachigen Stock-Screener nutzt. Gute Stock-Screener mit einer sehr hohen Funktionalität sind unter anderem:

- Onvista
- Zacks.com
- Google Finance
- Gurufocus

Die meisten dieser Stock-Screener sind entweder kostenlos oder bieten zumindest eine kostenfreie Testphase an, in der du dich umfassend mit deren Möglichkeiten und Leistungen beschäftigen kannst. Hier lohnt es sich ein wenig Zeit zu investieren, da diese Tools dir das Leben beim Value Investment deutlich vereinfachen können. Hast du ein passendes Tool gefunden, sind auch die laufenden Kosten zumeist kein Problem. Dank der häufig guten Rendite beim Value Investment, kannst du diese Kosten problemlos wieder hereinholen.

Der vierte Schritt: Wichtige Kennzahlen zur Auswahl der passenden Investitionen

Auch in der heutigen Zeit kannst du dich immer noch auf die Kern-Kennzahlen verlassen, die von Benjamin Graham vor annähernd 80 Jahren aufgestellt wurden. Denn diese sind immer noch für die Bewertung des Value Investments von entscheidender Bedeutung und haben sich im Laufe der Zeit kaum verändert. So hat Benjamin Graham insgesamt sieben Kriterien aufgestellt, welche für ein erfolgreiches Value Investing beachtet werden sollten. Diese lauten:

1. **Kriterium: Ein ausreichend hoher Umsatz**

Um ein möglichst hohes Maß an Sicherheit zu erreichen, sollte nur in Unternehmen mit einer bestimmten Mindestgröße investiert werden. Graham legte hierbei den Mindestumsatz des Unternehmens auf 100 Millionen Dollar fest, was umgerechnet auf die heutige Zeit einem Gegenwert von knapp einer Milliarde Dollar entspricht.

2. Kriterium: Ein niedriges Kurs-Gewinn-Verhältnis (KGV)

Das Kurs-Gewinn-Verhältnis der Aktie sollte nicht den Faktor 15 überschreiten. Das bedeutet, dass es nicht oberhalb des fünfzehnfachen des Jahresgewinns liegen sollte.

3. Kriterium: Ein niedriges Kurs-Buchwert-Verhältnis (KBV)

Ebenfalls wichtig ist das Verhältnis zwischen Buchwert und Aktienkurs. Der KBV sollte nach Möglichkeit nicht über 1,5 liegen.

4. Kriterium: Stabile Gewinne

Stabile Gewinne lassen als Kriterium einen hohen Spielraum zu. Laut Graham sollte das Unternehmen in den letzten 10 Jahren stets einen Überschuss erzielt und nicht einmal Verlust ausgewiesen haben. Dies erhöht die Sicherheit der Investition deutlich.

5. Kriterium: Ein sichtbares Gewinnwachstum

Laut Graham sollte sich die Gewinne pro Aktie in den letzten 10 Jahren um mindestens ein Drittel erhöht haben, damit ein Unternehmen für das Value Investment in Frage kommt. Dieses Kriterium ist allerdings in den letzten Jahren und Jahrzehnten deutlich aufgeweicht worden, da viele Unternehmen durch Aktienrückkäufe den Gewinn der Aktien künstlich in die Höhe getrieben haben. Dies sollte ebenfalls bei diesem Kriterium mit bedacht werden.

6. Kriterium: Eine regelmäßige Ausschüttung an Dividenden

Die regelmäßige Ausschüttung von Gewinnen an die Aktionäre deutet auf eine stabile Finanzsituation hin und stellt ein wichtiges Kriterium für die Gesundheit eines Unternehmens dar. So sollte mindestens eine stabile, wenn nicht sogar eine steigende Gewinnausschüttung in den letzten 10 Jahren zu vermelden sein, damit sich ein Unternehmen für das Value Investing empfiehlt.

7. **Kriterium: Eine Balance zwischen Vermögen und Schulden**
   Eine Balance zwischen Vermögen und Schulden ist ein weiteres Kriterium für die gesunde Finanzlage eines Unternehmens. Das aktuelle Vermögen eines Unternehmens sollte im Optimalfall doppelt so hoch wie dessen Verbindlichkeiten sein. Auch langfristige Schulden eines Unternehmens sollten dessen aktuelles Nettovermögen nach Möglichkeit nicht übersteigen.

Du musst nicht alle diese Kriterien bei jeder Aktie und bei jedem Unternehmen in die Waagschale werfen, um dessen Nutzen für dich genauer zu bestimmen. Aber zumindest einen Teil der Kriterien solltest du vor jedem Investment überprüfen, um schnell und mit wenig Aufwand die Spreu vom Weizen zu trennen und krisenanfällige Unternehmen schnell und effektiv auszusieben. Nutzt du diese Kriterien regelmäßig und gewöhnst dir eine Überprüfung der verschiedenen Unternehmen nach diesen Standards an, kannst du deutlich schnellere Entscheidungen für oder gegen ein Investment treffen und somit effektiver deine Anlagen verwalten.

Der fünfte Schritt: Die möglichen Aktien richtig analysieren

Dies ist der wohl wichtigste Schritt, wenn du effektives Value Investing betreiben möchtest. Denn um die passenden Aktien und Aktienwerte zu finden, ist ein wenig Mathematik notwendig. Zunächst einmal gilt es den sogenannten intrinsischen Wert der Aktien zu ermitteln. Hierzu wird in der Regel der Buchwert des Unternehmens herangezogen. Dazu dient die Frage: Wenn das Unternehmen von jetzt auf gleich alle operativen Geschäfte einstellen würde, alle vorhandenen Vermögenswerte auflösen und alle Schulden bezahlen würde: Was bleibt am Ende übrig?

Der Wert des Unternehmens wäre nach dieser Definition also nachfolgender Rechnung einfach zu definieren:

Alle vorhandenen Vermögenswerte - die Verbindlichkeiten = der Buchwert des Unternehmens.

Benjamin Graham, der Urvater des Value Investments hat dies allerdings nicht als ausreichend angesehen und eine sogenannte Sicherheitsmarge in seine Berechnungen mit aufgenommen. Die „Margin of Safety" dient dir zur Absicherung und kann somit als Risikominimierung bezeichnet werden. Diese Sicherheitsschwelle lässt ausreichend Raum für Fehleinschätzungen deinerseits und sorgt somit für ein deutlich vermindertes Risiko bei allen Investments. Nehmen wir ein einfaches Beispiel, um diese Margin of Safety genauer zu betrachten. Du fährst mit einem voll beladenen Fahrzeug auf der Autobahn. Vor dir fährt ebenfalls ein Auto. Du weißt, dass dein Bremsweg exakt 50 Meter beträgt und musst somit diesen Abstand einhalten, damit bei einer Vollbremsung keine Gefahr besteht. Der gesunde Menschenverstand sagt dir aber, dass es besser wäre einen Abstand von 65 Metern einzuhalten, um das Risiko für dich zu minimieren. Ähnlich verhält es sich auch mit der Sicherheitsmarge, welche somit kurze Ablenkungen nicht dramatisch enden lässt. Der für dich beim Value Investing wichtige Begriff nennt sich NET- current asset value.

Den NET- current asset value kannst du ebenfalls recht einfach berechnen. Hierbei werden nur die kurzfristigen Vermögenswerte des Unternehmens in die Berechnung mit einbezogen. Diese sind vorhandenes Geld, Inventar und ausstehende Forderungen. Die langfristigen Verbindlichkeiten werden ebenfalls berücksichtigt. Für die Berechnung des NET- current asset value subtrahierst du alle Schulden des Unternehmens von dessen kurzfristigem Vermögen. Das Ergebnis wird durch die Anzahl der Aktien des Unternehmens dividiert.

Beträgt der Kurspreis der Aktie maximal 2/3 des NET- current asset value (NCAV), so hast du eine Aktie gefunden, die sich für das Value Investing perfekt eignet. Das ist zwar keine Garantie dafür, dass du die nächste Spitzen-Aktie entdeckt hast, doch die Wahrscheinlichkeit einer deutlichen Kurssteigerung steigt nach dieser Formel deutlich an. Somit hast du auf der einen Seite dein Risiko deutlich minimiert und auf der anderen Seite eine Aktie gefunden, welche auf Dauer eine sehr starke Rendite bieten kann. Diese Berechnung solltest du für alle interessanten Aktien durchführen, um eine effektive Bewertung der einzelnen Anlagemöglichkeiten zu schaffen. Beim Value Investment arbeitest du stets nur nach einer harten Faktenlage und nicht nach einem Bauchgefühl oder nach aktuellen Trends. Somit bist du auch vor Problemen am Markt besser geschützt, da hier die Sicherheitsmarge eine sehr gute und deutliche Pufferzone darstellt.

Exkurs: Benjamin Graham

Der Investor Warren Buffet verdankt einen großen Teil seines Reichtums dem Value Investing. Gelernt hat er diese Anlagestrategie jedoch von einem Lehrer, dem Mathematiker und Philosophen Benjamin Graham. Der 1894 in London geborene Benjamin Graham versuchte nach seinem Studium sein Glück an der Wall Street und verlor dort beim großen Crash 1929 einen großen Teil seines Investments. Als Reaktion darauf begann er, seine Anlagestrategie neu auszurichten und im Rahmen seiner Ausbildung wissenschaftlich fundiert zu entwickeln. Er suchte ein belastbares und systematisches Fundament für Anlageentscheidungen zu entwickeln, welches es ihm erlaubte von „falschen Preisen" zu profitieren und dennoch eine große Sicherheit bot. Rationalität in der Anlagestrategie galt bei Benjamin Graham als wichtiger Schutz vor Vermögensverlusten. Im Laufe der folgenden Jahre entwickelte Benjamin Graham seine Theorie weiter und erprobte sie auf dem Parkett der Wall Street. Im Jahr 1934 veröffentlichte er gemeinsam mit David Dodd das Buch „Security Analysis", welches bis zum heutigen Tag als Standardwerk des Value Investments gilt und auch heute noch nichts von seiner Brillanz und seiner hohen Effizienz verloren hat. Auch wenn das Value Investment über einige Jahre von der Bildfläche verschwunden schien, so haben sich die Gesetze des Marktes dennoch nicht dermaßen stark verändert, dass die alten Prinzipien keine Rolle mehr spielen. Dementsprechend kann auch heute noch auf die Erfahrungen und Regeln von Benjamin Graham zurückgegriffen werden, wenn du dich intensiver mit dem Thema Value Investment auseinandersetzen möchtest.

Der sechste Schritt: Beobachten oder Investieren?

Nicht jede Aktie, welche dir ins Auge fällt, ist es Wert, dass du in sie investierst. Du wirst viele Aktien finden, welche sich nach deinen Berechnungen nicht unbedingt für ein Investment lohnen, aber dennoch am Anfang äußerst vielversprechend ausgesehen haben. Du hast also in der Regel Zeit und Energie in die notwendigen Berechnungen gesteckt und solltest diese Zeit also auch effektiv nutzen können. Dementsprechend solltest Du dir eine Beobachtungsliste anlegen, in der du diese Aktien eintragen kannst. Hier bietet sich beispielsweise eine Excel-Tabelle an, welche alle relevanten und vor dir erhobenen Daten zu der jeweiligen Aktie enthält. Denn es können immer wieder Veränderungen eintreten, welche den Wert der Aktie und den Wert des dahinterstehenden Unternehmens verändern. Somit kann es sich für dich durchaus lohnen deine Beobachtungsliste regelmäßig heranzuziehen und die aktuellen Zahlen mit den damaligen Berechnungen zu vergleichen. Bei für dich positiven Veränderungen kannst du die Aktien nutzen um zu investieren und diese von deiner Beobachtungsliste streichen. Andere Aktien können aufgrund einer negativen Entwicklung so weit von der Rentabilität entfernt sein, dass es sich für die Zukunft nicht mehr lohnt diese weiterhin zu beobachten. So schaffst du dir nach und nach eine eigene kleine Watchlist mit interessanten und spannenden Aktien, in welche du gegebenenfalls in Zukunft weiter investieren kannst. Das spart dir nicht nur Zeit bei der Suche nach lukrativen Aktien, sondern lässt dich die einmal investierte Zeit auch effektiver nutzen. So behältst du schneller den Überblick und kannst dich im späteren Verlauf deines Investments auf Aktien und Aktienpakete konzentrieren, welche bereits von dir mehrfach berechnet und bewertet wurden. Eine bessere und effektivere Datenbasis als Kauf- beziehungsweise Investitionsentscheidung kannst du dir kaum wünschen.

Der letzte Schritt: Zugreifen und profitieren

Nach all diesen Vorgedanken und Vorbereitungen möchtest du nun natürlich im Idealfall sofort anfangen mit dem Value Investing und dir eine langfristige und dauerhafte Anlagestrategie aufbauen. Das ist kein falscher Gedanke, denn im Endeffekt ist jede weitere Minute des Wartens verschwendetes Geld. Je länger du wartest, umso höher sind die Chancen, dass du die einzelnen Zusammenhänge wieder vergisst und somit dir das Wissen wieder von Neuem aneignen musst. Wichtig ist, dass du die oben genannten Schritte immer wieder von Neuem durchgehst und dir somit nicht nur das notwendige Wissen erarbeitest, sondern das theoretische Wissen auch in der Praxis erprobst. Es kann durchaus sinnvoll sein für den Anfang zunächst mit kleinen Investments zu beginnen und dich mit der Software und den einzelnen Abläufen beim Aktienhandel zu beschäftigen. Je besser du dich in diesem Bereich auskennst und je mehr Übung und Erfahrung du ansammeln kannst, umso effektiver und schneller kannst du bei neuen Aktien und neuen Anlagemöglichkeiten zugreifen. Da du beim Value Investment nur ein sehr überschaubares Risiko eingehst und zum anderen natürlich deine Anlagen nach Möglichkeit aufsplitten solltest, kannst du nach und nach von deiner Anlageform weiter profitieren. Der große Vorteil beim Value Investment ist die Langfristigkeit und die langfristige Sicherheit deiner Geldanlage. Wenn du nur für wenige Monate dein Geld anlegen möchtest, sind andere Alternativen durchaus besser geeignet. Wenn es jedoch darum geht deine Ersparnisse gut und vor allem zukunftsträchtig anzulegen und eine gute, aber sichere Rendite zu erzielen, so bist du mit kaum einer Anlageform so gut bedient wie mit dem Value Investment.

AUCH GROSSE ANLEGER KEHREN ZUM VALUE INVESTMENT ZURÜCK

Durch überhitzte und überbewertete Märkte und entsprechend hohe Kurse war das Value Investment für einige Zeit mehr oder minder von der Bildfläche verschwunden und wurde auch von erfahrenen Anlegern kaum noch effektiv genutzt bzw. positiv bewertet. Dieser Trend kehrt sich aktuell langsam um, denn es zeigt sich immer deutlicher, dass diese Anlagestrategie auch in der heutigen Zeit an Wirksamkeit und Effektivität nicht verloren hat. Ganz im Gegenteil. Denn diese eher konservative und vorsichtige Anlagestrategie mit ihrer Sicherheit und ihrer relativ sicheren Rendite ist in volatilen Märkten ein enormer Vorteil, der von immer mehr Anlegern für sich genutzt wird. Für dich bedeutet dies natürlich auch, dass besonders interessante Anlagen und Aktien für das Value Investing oftmals nicht über einen langen Zeitraum erhältlich sind. Das bedeutet, dass du nach Möglichkeit sofort zuschlagen solltest, wenn du eine passende Anlagemöglichkeit neu entdeckst und diese entsprechend gut bewertest. Schließlich bist du nicht alleine auf dem Markt, sondern in direkter Konkurrenz zu vielen anderen Anlegern. Das kann durchaus bedeuten, dass attraktive Anlagemöglichkeiten bereits innerhalb weniger Tage aufgekauft werden und dir nicht mehr zur Verfügung stehen. Aus diesem Grund solltest du die oberen Schritte stets einhalten. Denn erst nach einer umfassenden Bewertung kannst du beurteilen, ob eine Anlage zu deiner Strategie des Value Investments passt und dann kannst du direkt zuschlagen. So verpasst du keine guten Gelegenheiten und kannst deine Anlagestrategie zielführend und vor allem profitorientiert ausbauen.

VALUE INVESTING ALS LANGFRISTIGE ANLAGESTRATEGIE MIT HOHER SICHERHEIT

Durch die vorhandene Sicherheitsmarge und die vielen sehr eindeutigen Bewertungskriterien bietet dir das Value Investment eine sehr hohe Sicherheit für deine Einsätze. Natürlich ist an einem so flüchtigen Markt wie der Börse keine absolute Sicherheit garantiert. Absolute Sicherheiten - zumindest bis zur Höhe der Einlagensicherung - findest du eigentlich nur bei Anlageformen der Banken wie Tages- und Festgeldkonten. Hier darfst du aber in den nächsten Jahren und wahrscheinlich Jahrzehnten keine ernstzunehmende Rendite erwarten. Das bedeutet im Umkehrschluss, dass du die optimale Balance zwischen Risiko und Rendite für dich finden musst. Beim Value Investment kannst du das Risiko durch die tatsächliche Bewertung der Anlageform deutlich minimieren, da der eigentliche Wert beziehungsweise die Wertentwicklung des Unternehmens im Mittelpunkt deiner Bewertungen liegt. Du gerätst somit nicht in Gefahr dich zu verspekulieren oder dein Geld durch plötzliche Kursstürze zu verlieren. Denn solange der tatsächliche Wert eines Unternehmens gegeben ist und dem Aktienwert mit einer gewissen Sicherheitsmarge gegenübersteht, kannst du auf Dauer keine Verluste machen. Bedenke bei deinen Anlagen im Value Investment bitte aber auch, dass diese Anlagestrategie vor allem für langfristige Anlagen mit langsamer, aber kontinuierlicher Wertentwicklung gedacht ist. Schwankungen im Wert sind bei Aktien ganz normal, gleichen sich im Laufe der Zeit allerdings in den allermeisten Fällen wieder aus und sind dementsprechend positiv für dich. Es ist sicherlich sinnvoll deine Investments im Auge zu behalten und vor allem die Firmen und ihren Wert weiterhin zu betrachten, doch schnelle Panikreaktionen auf Kursveränderungen solltest du im Idealfall vermeiden. Somit gibst du deinem Investment genügend Ruhe, um sich für dich positiv zu entwickeln und somit dir eine stabile und kalkulierbare Rendite zu bescheren.

BEREITS MIT GERINGEM EINSATZ PROFITIEREN

Für deine ersten Gewinne mittels Value Investment musst du kein großes Kapital anlegen, sondern kannst bereits mit geringen Geldwerten erste Erfahrungen sammeln. Es kann sich durchaus lohnen einen festen Teil der eigenen Ersparnisse regelmäßig ins Value Investment zuzuteilen und somit nach und nach dein Portfolio an Aktien anwachsen zu lassen. Wenn du von Anfang an mehr Kapital investieren kannst, bieten sich dir natürlich mehr Chancen und somit potentiell auch bessere Renditen. Vor allem dann, wenn du eine der echten Perlen auf dem Aktienmarkt erwischt, welche sich nach deiner Investition enorm gut entwickeln und somit eine überdurchschnittliche Anlagerendite erzielen.

Aber da beim Value Investment vor allem der langfristige Gewinn eine Rolle spielt, kannst du auch mit geringen Geldbeträgen über kurz oder lang eine sichere Anlagestrategie fahren und somit dein Kapital zielführend und gewinnträchtig investieren.

CONTRA

Wenn man ein Business auf die wesentlichen Erfolgsfaktoren reduziert, bleiben genau zwei Stellschrauben übrig: Die Generierung von mehr Besuchern und Interessenten,

sowie die Erhöhung der Kaufrate. Dies ist der Schlüssel zu mehr Umsatz und Gewinn.

Seit 2013 zieht die Conversion und Traffic Konferenz jedes Jahr hunderte Besucher an, die ihren Online-Umsatz maximieren wollen. Jahr für Jahr stehen ausschließlich erfolgreiche Unternehmer auf der Bühne, die ihre besten Strategien verraten, mit denen sie selbst erfolgreich arbeiten.

Du erhältst also pointierte Kurzvorträge von über 30 Referenten mit direkt anwendbarem Knowhow und oben drauf verschiedene Networking-Möglichkeiten mit den Teilnehmern sowie den Referenten. Die Contra ist DAS Event für erfolgreiches Online Marketing.

Das solltest du nicht verpassen!

Sicher dir jetzt dein Ticket zur Contra unter:
http://www.die-contra.de/tickets/

PODCAST

Der Digital Beat Podcast von Online Marketing Experte Thomas Klußmann ist der Podcast für Unternehmer, Entrepreneure, Online Marketer, Gründer und alle, die es noch werden wollen.

In diesem Podcast lernst du von den erfolgreichsten Unternehmern der Branche alles über Digitales Marketing. Außerdem erhältst du wertvolle Insider-Tipps und Business-Strategien von den bekanntesten Influencern aus Youtube und Instagram. Der Digital Beat Podcast vermittelt dir nicht nur regelmäßig Tipps und Strategien für deinen Erfolg, sondern auch praktisches Wissen, Life Hacks, Empfehlungen sowie viel Spaß und Unterhaltung.

Unter anderem interviewt Thomas Klußmann die Unternehmer Dirk Kreuter, Calvin Hollywood, Detlef D! Soost, Christian Bischoff, Bernd Geropp, Dr. Stefan Frädrich sowie die bekannten Social Media Influencerinnen Dagi Bee, Novalanalove, Phiaka und Mrs. Bella.

Thomas Klußmann ist selfmade Unternehmer, Gründer und Gesellschafter von fünf Unternehmen, Dozent und Referent an zwei Hochschulen, Buchautor, Business-Angel und Marathonläufer. Außerdem ist er Veranstalter der Conversion und Traffic Konferenz Contra, zahlreicher Online Kongresse, Webinare und Masterclasses.

Also, hör doch mal rein auf:
www.digitalbeat.de/podcast !

DIE NINJA-RENTE: FINANZIELLE UNABHÄNGIGKEIT IN 8 JAHREN

Manche strampeln sich ein Leben lang ab, arbeiten 40 Stunden pro Woche, teilweise 50 Jahre lang,...

... nur um dann im Alter zu merken, dass das Geld trotzdem nicht reicht.

Wir tauschen 5 Tage Arbeit gegen 2 Tage Wochenende. Ist das ein fairer Tausch?

Mit den Regeln der Ninja-Rente verkürzt du die Zeit bis zur Rente nicht nur von 50 auf 8 Jahre,sondern du bist am Ende sogar finanziell frei und unabhängig.

Und das ganze ohne Produkte zu verkaufen, Webseiten zu erstellen oder noch härter zu arbeiten.

- Was erwartet dich bei der Ninja-Rente?
- Die 30 Kapitel der Ninja-Rente
- Einleitung: Finanzielle Unabhängigkeit
- Arbeitest du wie ein Sklave für deinen Lohn?
- Wie Karriere und Konsum dich zerdrücken
- Persönliche Freiheit beginnt mit finanzieller Freiheit
- Steht die Welt vor dem Ende?
- Wohlstand vs. Reichtum
- Deine Zeit auf dieser Welt ist begrenzt
- Dein neuer Lebensentwurf
- Bewusste Ausgaben, bewusste Einnahmen
- Wofür brauchst du 1 Millionen Euro?

- Gefangen im Job
- Wie du über deine Fähigkeiten hinauswächst
- Finanziell gefangen
- Die üblichen Einwände
- Muss ich ein Minimalist sein?
- Rente mit 30 und warum scheitern
- Du behauptest also, dass du deine Arbeit liebst?
- Wie du dich befreist!
- Motivation, die Philosophie der Ninja Rente 1:1 umzusetzen
- Wieviel Geld du brauchst, um deinen Job zu kündigen
- Was die Ninja Rente vom Ruhestand abgrenzt
- Die Alternativen zum Streben nach Karriere
- Gibt es eine Abkürzung auf dem Weg in die Freiheit?
- Frugalität und Entschleunigung
- Wie du dein Geld investierst, um ein passives Einkommen zu beziehen
- Deine Einstellung zu Käufen
- Haus kaufen oder zur Miete wohnen?
- Finanzpläne sind Augenwischerei
- Zieh am Hebel für deine Freiheit - Konzept des Crossover Points
- Zusammenfassung und eine kurze Wiederholung der Strategie

FINANZKONGRESS

Du bist auf der Suche nach einem Weg, dein Geld gewinnbringend anzulegen?

Profitiere von dem Erfahrungsschatz erfolgreicher Experten aus der Finanzbranche. Unsere Referenten zeigen dir, wie du auch in Zeiten negativer Zinsen dein Vermögen vermehren kannst. Unsere Experten verfügen über jahrelange Geschäftserfahrung und können daher konkrete Tipps geben, welche du für deine Investition berücksichtigen solltest.

Erfahre alles über die erfolgreichsten Anlagestrategien in Form von Aktien, Immobilien, Indexfonds (ETFs), Kryptowährungen oder Value Investing. Wir decken alle Themenbereiche ab, die du für deine perfekte Anlagestrategie benötigst – jeweils mit erfolgreichen Finanzexperten.

Das solltest du auf keinen Fall verpassen!

Auf unserer Webseite findest du alle Informationen und Terminen zu unserem nächsten Finanzkongress. Wir freuen uns, dich auf unserem Kongress begrüßen zu dürfen!

Besuche uns unter:
www.finanzkongress.de